朱國鳳

紅樓夢教你的10堂理財課

目錄

前言

在大觀園開講的財富聚散啟示錄

先父有一個大書櫥，裡面放著不少經典文學，我還記得小學時站在書櫥前，漫無目標的一本本翻閱著，父親見女兒有興趣，於是提點著說：「少不讀水滸，老不看三國」，天生反骨的我，當然先偷著讀水滸，中年才看三國。

但是其中有一本章回小說，卻是從少至今、反覆品讀，不同的人生階段，有不同的領受，那就是清代作家曹雪芹的《紅樓夢》。

文學大家白先勇老師在一次演講中曾說，「世上有兩種人，一種是讀過《紅樓夢》的，另一種是沒讀過《紅樓夢》的」，我忝為讀過的那一種，而且從小學至今讀了五遍。

從黛玉與寶釵之爭，看職場競爭

記得少年時期讀《紅樓夢》，很為黛玉抱屈，明明黛玉是賈母的外孫女，才華洋溢，又具備「絕代之姿容，具稀世之俊美」，剛入府時「賈母萬般憐愛，寢食起居一如寶玉，迎春、探春、惜春三個親孫女倒且靠後了」，為何最後長輩為寶玉選媳婦兒時，卻是寶釵雀屏中選。

等到人生有些歷練，才能懂得黛玉終究是爭不過寶釵的。寶釵自幼佩戴的金鎖上鏨的「不離不棄，芳齡永繼」，與寶玉啣玉上刻的「莫失莫忘，仙壽恆昌」，其實已經暗喻寶釵與寶玉才是姻緣天定。

撇開奇幻文學裡才會有的「金玉良緣」情節，先論個性，黛玉乖僻多猜忌、好使小性子，寶釵善公關、得人緣；再論身體，黛玉自幼就有「不足之症」，每到季節轉換就會發作，後來還轉成癆病，不怪寶玉的祖母賈母會說，「況且林丫頭這樣虛弱，恐不是有壽的，只有寶丫頭最妥。」

更重要的是，幫寶玉選媳婦，等於是選賈府下一任的家計長，不只要能傳宗接代，還要能掌管上下數百人丁，跟寶釵相較，黛玉的個性與身體，顯然都是失分的。

而寶玉的姊姊元妃，也是偏寶釵勝過黛玉，從她給的賞賜就可見端倪。第二十八回，丫鬟襲人跟寶玉報告，元妃賞賜給寶玉與寶釵的內容都一樣，寶玉趕著問，那其他姊妹們呢？襲人說「林姑娘和二姑娘、三姑娘、四姑娘，只單有扇子和數珠兒」，可見寶釵在元妃心中，是與弟弟等量齊觀，黛玉卻是靠後站了。

雖然長輩們心中早已屬意寶釵，但是需要有人在討論婚事的關鍵時刻踢上臨門一腳，很受賈母寵愛的孫媳婦王熙鳳扮演了這個角色，「不是我當著老祖宗太太們跟前說句大膽的話：現放著天配的姻緣，何用別處去找？」賈母笑問道：「在哪裡？」鳳姐道：「一個『寶玉』一個『金鎖』，老太太怎麼忘了？」（第八十四回）

還有一個隱形因素不利黛玉，自古以來，豪門多透過聯姻，鞏固與擴散影響力，金陵四大豪門：賈、史、王、薛，寶釵出身的薛家，原本就在這個多代聯姻的網絡裡。

黛玉出身的林家，雖然曾經世襲列侯，但是到了父親這一代，已經沒有世襲庇蔭，人丁、家產又單薄，等到雙親陸續過世，孤女黛玉等於完全沒有「後援會」了。

把黛玉的境遇投射到職場上，就能體認到，如果天不時、地不利、人不和，再怎麼才華出眾，也可能左支右絀、敗下陣來。《紅樓夢》寫透人性，而人性千古不變，因此這一本「天外書」，任何一個時代閱讀都會有所啟發。

台北植物園也在紅學插上一腳

兩百多年來，《紅樓夢》不只觸動無數讀者的人生，更像斑斕的文化織錦，令人目眩神迷。我在故宮圖書文獻系統搜尋，與《紅樓夢》相關的著作洋洋灑灑，各文學家的導讀本，自不待言。

《紅樓夢》的新解、新辨、版本的考證（如辰乙本、庚辰本、巳卯本等），後四十回的爭論，更是未曾停歇。

其他像是《紅樓夢》的藝術、文物圖錄、繪畫、詩詞曲賦、植物圖鑑、繡像研究、美學品味、服飾、美食、園林、建築、人物研究、人物結構關係、女性、夢幻世界、佛學、道家、養生之道、醫藥、寫作技巧、語言藝術、人才、思想、文化、法律、封建社會等，都有專書深入探索。

一本《紅樓夢》，蔚然成為浩瀚的「紅學」，而且不只是華人世界為之瘋迷，歐、美、日都有紅學的研究專論。

《紅樓夢》就像紙上的大觀世界，從任一角度觀之，都有勝景可期。譬如台北植物園也曾經仔細爬梳過《紅樓夢》。植物園是這麼記載著：「一百二十回中，提到的植物有兩百四十種，所引述的植物典故上溯《詩經》、《楚辭》、《吳都賦》、《屬都賦》、《上林賦》等」。

顯然台北植物園也在紅學考證中插上一腳，植物園根據「大觀園」裡大量出現的熱帶與亞熱帶植物，譬如湘妃竹、芭蕉、杜若、杜薇、薜荔、荳蔻等，判定賈府應該是坐落在南方的蘇寧，而非高緯度的北京，顯然植物學與文學也能根結蒂連、瓜瓞綿綿。

《紅樓夢》還可以當成一本企業管理學書。榮寧二府四百來人，姻親、血親錯綜複雜，再加上奴僕眾多，奴才的下面還有奴才，儼然是個小江湖。有各主子間的明爭暗鬥，也有奴僕間的攀炎附勢。

管理賈府、就像管理一個大家族企業，賈母、賈政、王夫人、熙鳳、探春、李紈、寶釵，都曾專任、或是兼任過這個管理職，各有各的管理風格，其中最不擅管理的就屬賈政，既不善管錢財、也不善管奴才，賈府鑄下大禍，政老爺疏於管理，也應要記上一筆。

康熙大樹倒，曹家猢猻散

我從事財經報導多年，在我的眼中，《紅樓夢》更是一本理財書。心理學有一項研究，當手中拿着槌子時，很多東西在眼中都會長得像釘子，或是想要四處找釘子。

我要澄清，我不是刻意在找「釘子」，因為職業而強加附會《紅樓夢》是一本理財書。而是作者的身世，與《紅樓夢》有著千絲萬縷的纏繞，如果了解曹家興衰，與曹雪芹的際遇，就能看出作者隱晦其中與金錢、財富有關的機鋒。

曹家是清代的百年望族，曹雪芹先祖管過鹽政與織造，都是富到流油的差事。就以「織造」來說，這個官職主要是總管宮廷御用錦緞的製造。

國立歷史博物館在「收藏清代織錦特展」時就記載著：「清代第一任的江寧織造是曹璽，

在康熙二年開始任職，而後曹家三代四人都當過江寧織造，長達五十八年，曹家見證了中國雲錦工藝的巔峰與輝煌」。

清代在民間共有三個織造局：江寧、蘇州、杭州，江寧織造局專門負責製造皇室御用緞匹，蘇杭織造局則是職司賞賜用的緞匹。江寧局上貢的緞匹是要穿在皇帝身上的，蘇、杭局的緞匹只是讓皇帝老爺賞賜百官用的，江寧局的地位顯然又在蘇杭之上，由此可見曹家地位。

曹家的富貴之路，是靠康熙皇帝開拓出來的。曹雪芹的曾祖母，曾是康熙的乳母，祖父曹寅據說曾擔任過少年康熙的伴讀，曹寅與康熙關係自是不同。我曾在故宮特展時看到一本奏摺，就是曹寅在擔任「江寧織造郎中臣」時進呈給康熙的奏摺。

曹寅在這份奏摺裡，先向皇帝恭賀成功掃蕩噶爾旦（蒙古），接著奏報處理完緞匹的運送後，將回京請安。

有趣的是康熙在奏摺上的批示，不是正經八百的「朕知道了」，而是用硃筆寫下：「朕親統六師過沙漠翰海，北征噶爾旦皆賴上天之眷佑，旬有三日內，將厄魯特殺盡滅絕，北方如無烽火，天下不再言兵矣」，皇帝何須向臣子詳述出征的經過？這段批示不僅流露出康熙向曹寅的小炫耀，也可感受到君臣間的私厚情誼。

康熙六次南巡，有四次是由曹家接駕，可見曹家備受康熙的榮寵。《紅樓夢》裡的甄家就有曹家的影子，曾經見識過甄家接駕榮光的賈府老家奴，是這麼回憶的，「如今還有現在江南的甄家，——噯喲！好勢派！——他們家接駕四次。要不是我們親眼看見，告訴誰也不信的。別講銀子成了糞土，憑是世上有的，沒有不是堆山積海的。——『罪過可惜』四個字竟顧不得了！」（第十六回）

但就如《紅樓夢》裡點出的福禍相倚，曹家就算家底再豐，也禁不起四次接駕的掏空，每次接駕就像《紅樓夢》裡寫的，「把銀子花的像淌海水是的」，曹家的榮寵與禍患，都是來自康熙。康熙大樹倒、曹家猢猻散，雍正接位後，曹家先被要求補虧空，接著被革去官職，最後還因捲入宮廷政治鬥爭而遭抄家大禍。

得而復失，才會痛悟人生與財富真理

萬貫家財，並非一夕蕭索，根據史料記載，曹雪芹老家被查抄時，奏報的明細中就已有「當票百餘張」，顯示曹家被抄之前，也跟《紅樓夢》裡的賈府一樣，財政早已破了個大洞，得要靠典當度日了。

抄家之禍，更是讓曹家「嘩啦啦如大廈傾」，子孫難以翻身。鄒如昌在《曹雪芹傳》中有一段記載，讀來最令人鼻酸。乾隆二十八年，北京發生痘疹（天花）大流行，死於痘疹的兒童數以萬計，雪芹獨子也不幸染患，當時只能靠牛黃等藥材，才能挽回一命。

但是已經搬到北京城郊，住茅屋、吃稀粥的曹雪芹，當然買不起牛黃、真珠、冰片這種珍貴藥材，雪芹痛失愛子，同年底雪芹也跟著染病，貧病交迫、無力及時延醫，除夕夜剛過，就嚥下最後一口氣，得年僅四十八歲。

牛黃，這味可以解熱去毒的藥材，在《紅樓夢》裡也曾出現過。第八十四回，王熙鳳的獨生女發燒抽搐，大夫開出一劑發散風痰藥，其中就需要一味牛黃，大夫還特別提醒，「如今的牛黃都是假的，要找真牛黃方用得。」

後來還是透過寶釵大哥的關係，直接跟藥材盤商調貨，曹雪芹在《紅樓夢》裡寫著，「只見王夫人那邊的小丫頭，拿著一點兒的小紅紙包兒，說道：『二奶奶，牛黃有了。太太說了，叫二奶奶親自把分兩對準了呢。』」，份量少到只有一個小紙包裝著，而且還交代要王熙鳳親自秤量配藥，可見牛黃的珍稀程度。

《紅樓夢》裡王熙鳳的獨生女，靠牛黃救回一條小命，真實世界裡曹雪芹的獨生子，卻無力求得這味矜貴的藥材，兩相對照，最是令人唏噓。

在史景遷所著的《曹寅與康熙》中，記載了曹家被抄家時的房地產明細，「住房十三處，共計四八三間。地八處，共十七頃零六十七畝」，祖上擁地無數，後代卻困頓茅屋，見證自家鉅變的曹雪芹，是用生命寫下這本曠世巨作。

只有得而復失的人，才會知道哪些才是世間的真實、真相、真理。從流金歲月到門戶凋零，曹雪芹想必曾經百轉千迴，思考家族為何會衰敗至此？如果時光倒流，需要如何預防？埋下哪些善根，才有可能重振家聲？

這些親身經歷，也讓作者參透人性，在書中留下許多與財富相關的體悟，與財富相關的人生智慧，這些都讓我真心認為，《紅樓夢》也是一本跟財富有關的人生啟示錄。

曹雪芹不只是寫出抄家前的「禮樂衣冠地，文章富貴家」，或是抄家後的興衰無常，他還想傳達自己洞澈到的理財智慧。

譬如秦可卿在夢中對王熙鳳所做的預警，建議的理財對策，以及《紅樓夢》裡的許多金錢事，二百多年後的今人，依然受用。更重要的是，很多跟財富有關的人生智慧，祖孫三代都能各有啟發。

《紅樓夢》卷尾寫著，「滿紙荒唐言，一把辛酸淚。都云作者癡，誰解其中味？」不管你是屬於讀過《紅樓夢》的，還是沒有讀過《紅樓夢》的，不妨一起進到大觀園，靜心聆聽曹雪芹在人生財富聚散中，為我們解出的真實況味。

三十分鐘
速讀整本《紅樓夢》

閱讀《紅樓夢》有三大關卡，第一個關卡是字數。全書一百二十個章回，一千兩百頁，七十萬字，很多人還沒翻開書，就敬謝不敏了。

第二個關卡是人數。光是研究《紅樓夢》裡的人物，就有多本專書或論文，有名號、有登場的人物至少數百，很多人是被「你唱罷來我登場」、卡司太多給打敗了。

第三個關卡是人際網絡。《紅樓夢》雖然主要講的是賈府，但是裡面姻親、血親錯綜複雜，那一大群姑伯叔嬸間的關係，又把讀者給攪暈了。

我對於在第一與第二關就「撞牆」的讀者，深感可惜，我的建議是，不妨抱著參觀文化博覽會的心情慢慢展讀《紅樓夢》。

《紅樓夢》的博大精深，除了可以欣賞文學價值外，裡面還有藝術館、植物館、服飾館、美學館、美食館、園林館、建築館、養生館……琳瑯滿目、美不勝收。更不要說形而上的哲學、宗教、人文的省思與收穫，因此它需要足夠的舞台與人物，才能完整交代璀璨的盛世風華。

至於第三關的破關心法，則是搭配著《紅樓夢》所附的人物關係圖，並且與自己的親族關係相對照。譬如假想自己若是黛玉，邢、王夫人是舅媽，賈寶玉、賈璉是表哥，王熙鳳是表嫂，表哥有血親關係，表嫂就只有姻親關係，了解大家族的人際脈絡，更能體會《紅樓夢》裡細微隱晦的人性。

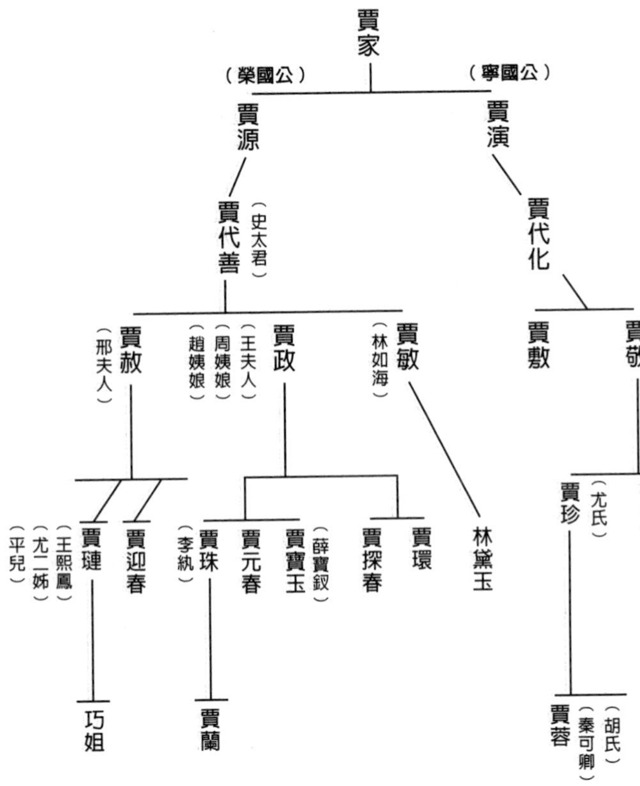

《紅樓夢》講的是一個出生時嘴裡含著一塊玉的多情富公子，看透人世後出家的神話故事；也可以說是一個豪門世家先盛後衰、反映興衰的寫實故事。為了幫助尚未讀過《紅樓夢》的讀者，以及曾經讀過、但是年深日遠而記憶淡去的讀者，在正式展讀本書前，且用「縮時錄影」的方式，鏡頭主要聚焦在男女主角：寶玉與黛玉身上，速讀整本《紅樓夢》。

第一～一二〇回

故事是從一個神話開始，女神女媧煉石補天，剩了一塊未用，棄於青埂峰下。這顆原本有補天之才的石頭，當然具備靈性，幻化成男體人形後，在仙界四處遊玩，一日來到靈河邊，看到一株嬌娜多姿的「絳珠仙草」，靈石多情又熱心，用甘露灌溉仙草，仙草因此也通了靈性，幻化為女體人形。

仙界最忌動情，因此靈石與仙草必須下凡歷劫，才能了結這段甘露情緣、或是說甘露孽緣。「靈石」就是男主角賈寶玉，「仙草」就是女主角林黛玉。

賈寶玉投胎到賈府，成為賈政與王夫人的兒子，賈母的孫子；林黛玉投胎到蘇州，成為賈敏的女兒，賈敏是賈母的女兒、賈政的妹妹，因此寶玉與黛玉是表兄妹關係。

賈敏早逝，因為黛玉是獨生女，父親還在任官，賈母心疼黛玉無人陪伴，黛玉的父親於是託人送黛玉進京，由賈母照顧，這是黛玉初次見到住在榮府的外祖母賈母、大舅賈赦、二舅賈政，還有住在寧府的表哥賈珍等一大家子親戚。

在仙界就已結緣的寶玉與黛玉，因為似曾相識，當然份外投緣，從此青梅竹馬、同寢同食。寶玉厭惡四書五經、文章功名，也只有黛玉與他最契合。

接著薛寶釵登場了，寶釵跟著母親薛姨媽、哥哥薛蟠也住進賈府。因為寶釵的母親薛姨媽，是王夫人的親妹妹，因此寶釵要叫王夫人姨媽，與寶玉是表姊弟關係。進京之前，魯莽的薛蟠在家鄉打出一條人命官司，靠著想要巴結賈府的縣官擺平了事。

寶釵自幼就配戴著金鎖，而寶玉也從胎裡啣了一塊「寶玉」出世，有所謂的「金石姻緣說」，私心愛慕表哥的黛玉，一直深感威脅，因為忌妒寶釵，或是想要測試寶玉真心，經常使性子、鬧脾氣。

一日，寶玉到秦可卿（堂哥賈珍的兒媳婦）的臥房休息，夢中來到太虛幻境，讀到金陵十二金釵正冊、副冊、又副冊，上面記載著賈府眾姐妹們的命運，但是當時的寶玉還未參透天機、不明所以。

劉姥姥登場，由於女婿家年關難過，女婿祖上與賈府可以攀上一點關係，劉姥姥幫女婿進賈府請求接濟，在榮府掌家的王熙鳳（寶玉堂嫂），贈銀二十兩，打發劉姥姥。

寧府的秦可卿逝世，也是金陵十二金釵正冊中第一位逝世的人物，秦可卿到王熙鳳的夢中預警，提醒要注意「樂極生悲、早為後慮」。寧府為可卿舉辦一場盛大的喪禮，王熙鳳到寧府協助打理，展現同時管理榮寧二府的能耐。

黛玉父親病逝，黛玉從此必須長住賈府，寶玉喜不自勝。王熙鳳貪財包攬官司，以致拆散一段姻緣，斷送兩條人命。

寶玉的姐姐賈元春被封為貴妃，皇帝恩准可以返家省親，賈府大興土木，為元妃興建省親別墅：大觀園。大觀園落成，寶玉跟著賈政初次入園，為園內的樓台亭閣命名題字。

元妃省親陣仗盛大，歌舞飲宴之餘，元妃要弟弟、姊妹們各題匾詩，元妃評鑑以寶釵、黛玉最具詩才，相聚時間短暫，元妃依依不捨回宮。

寶玉大丫鬟襲人返家團聚，寶玉隨後也到襲人家探望，襲人謊稱家人有意為她贖身，多情的寶玉傷心落淚，襲人趁機要寶玉答應，只要改掉諸多壞習慣，她就會打消離開賈府的念頭。

第二一～四〇回

史湘雲登場，史湘雲父親是賈母的姪子，因此與寶玉也是表兄妹關係，湘雲個性不拘小節，愛捉弄黛玉，認為寶釵種種都勝過黛玉。王熙鳳的獨生女巧姐出疹，賈璉（寶玉堂哥）趁著睡到外書房時，與下人的老婆偷歡，被王熙鳳的貼身丫鬟平兒察覺，平兒幫賈璉掩護過去。

寶釵十五歲生日宴，規格勝過黛玉，黛玉吃味不悅。元宵佳節，元妃送出燈謎要家人猜，眾姊妹也各出燈謎，賈政發現這些姊妹們的燈謎與謎底都非吉兆。元妃下旨要寶玉與姊妹們搬進大觀園，親族也各憑關係請託，都想在大觀園裡撈油水。

寶玉同父異母的弟弟賈環（妾趙姨娘所生），忌妒哥哥寶玉受寵，故意打翻燭台，燭油燙傷寶玉臉頰，趙姨娘與賈環因此受到王夫人與王熙鳳的責備。趙姨娘懷恨，出資要求道婆做法，暗害熙鳳與寶玉。

叔嫂同時中邪，命在旦夕，一位癩和尚與一位跛道士登門，為寶玉所配戴的「寶玉」一陣誦唸後，叔嫂很快康復。寶玉逗弄王夫人的丫鬟金釧，惹惱王夫人，王夫人認為金釧想要勾引寶玉，金釧被王夫人逐出賈府後負氣投井。

賈政誤會寶玉「流蕩優伶、逼淫母婢」，用力杖責寶玉，賈母、王夫人援救不及，賈母怒斥賈政。賈政外派學差，寶玉無人拘管，縱性遊蕩，與姊妹們起詩社，大啖螃蟹宴。劉姥姥二進榮國府，與賈母甚是投緣，賈母帶著劉姥姥逛大觀園，劉姥姥喜獲一馬車的饋贈。

賈母要姪孫媳婦尤氏集資，幫得寵的孫媳婦王熙鳳辦壽，賈璉又趁壽宴與下人的老婆偷歡，這回被王熙鳳親自撞見，賈璉惱羞成怒，持劍要追砍熙鳳，賈母喝退賈璉，賈璉酒醒後，向熙鳳與被無辜遭殃的丫鬟平兒賠罪，姘婦畏罪自盡。

賈母長子賈赦也想討妾，賈赦看上賈母的貼身丫鬟鴛鴦，鴛鴦不從，並且向賈母等眾人下跪絞髮以明志，賈母動怒，王夫人與邢夫人（賈赦妻子）都受到斥責，賈赦只能另外再去買填房。

賈府大管家賴大的兒子賴尚榮當上縣官，在賴府花園擺酒慶賀，賈母等人受邀赴宴。寶釵長兄薛蟠酒後又亂性，調情世家子弟柳湘蓮，被湘蓮痛毆，薛蟠無顏留在京城，以學做買賣名義，跟著夥計南行。

賈赦想討鴛鴦不成後，又垂涎渾名「石頭獃子」擁有的古董畫扇，仗勢強取豪奪。賈府有親戚遠道而來，邢岫煙（邢夫人姪女）、李紋、李綺（李紈親戚）、薛寶琴（薛寶釵堂妹），都被安排住進大觀園，其中以寶琴最得賈母寵愛，寶玉與眾姊妹在大觀園賞雪、烤鹿肉、作詩，一片歡樂。

第四一～六〇回

熙鳳小產，王夫人交代長媳李紈與女兒探春代替鳳姐管事，並且囑咐寶釵協助照應大觀園。探春刪減多項重複的開銷，並且仿照管家賴府花園的模式，將園內諸多農產作物發包給婆子認養，寶釵進一步提議盈餘分配制度，以服人心。

老太妃薨逝，賈母等必須入朝隨祭，賈府少了「大人」監管，加上戲班遣散，許多戲伶被分配到大觀園當丫鬟，大觀園裡惹出不少風波。

第六一～八〇回

寧府賈敬過世（賈珍之父），喪禮期間，賈珍之妻尤氏接繼母與繼母的兩個女兒（尤二姐與尤三姐）到寧府幫忙。

賈璉垂涎尤二姐的美色，在賈珍與賈蓉的協助下，瞞著熙鳳與賈母等人，在府外另闢小公館。尤三姐則是鍾情柳湘蓮，原已贈配劍為訂的柳湘蓮，得知尤三姐是寧府親戚，由於寧府家聲最壞，柳湘蓮懷疑三姐的貞潔欲退婚，三姐用柳湘蓮贈與的配劍自刎，柳湘蓮痛悔不已而出家。

賈璉偷納妾的消息露了餡，王熙鳳趁賈璉遠行，使計接尤二姐住進賈府，尤二姐的伙食很差、卻無處申告，懷孕時誤請庸醫，流產後又被下人冷嘲熱諷，最後也被逼得走上絕路。

賈母八十大壽，賈府大擺宴席。賈璉私下情商鴛鴦，偷一箱賈母的金銀傢伙典當應急，等房地收租後再贖回歸還。邢夫人在大觀園撿到繡有春宮圖的香囊，王夫人震怒要求大搜索，查出是迎春（賈赦女兒）的大丫鬟司棋與表哥私會的訂情物。

與賈府是多代世親的甄家被抄家，賈府仍然歌舞昇平，寧府賈珍中秋夜賞月時，聽到祖祠傳來嘆氣聲。司棋與寶玉屋裡的丫鬟晴雯、芳官、四兒都被王夫人逐出，晴雯病逝，寶玉哀慟不已。

迎春出嫁，所嫁非人，夫婿賭色酒全沾。薛蟠娶妻，悍妻驕縱善妒，家宅雞犬不寧。

第八一～一〇〇回

黛玉作惡夢，夢到賈府要送她回南婚配，夢中寶玉剖開胸膛要挖出心來送給她，黛玉夢醒咳血，同一夜寶玉也作惡夢嚷著心痛。

元妃有恙，賈母等人入宮探視，相對垂淚。賈母背著寶玉跟薛姨媽提親，薛姨媽與寶釵都首肯這門婚事。薛蟠又打出人命，被送進大牢，薛姨媽撒出大把銀兩，想幫兒子擺平官司。

黛玉聽到寶玉訂親的耳語，開始自殘絕食，後來得悉只是一場誤會，又打消死意。賈母決定瞞著黛玉，早日為寶玉完婚。

甄家抄家後無力豢養眾多下人，向賈府推薦家丁包勇投靠。賈政收到黑函，指出家族子弟賈芹管理尼姑庵聚賭飲酒，賈政要大管家將賈芹與道姑們押回賈府，賈政無暇親自處理，賈璉包庇、輕放賈芹。

寶玉所住的怡紅院，花期錯亂，海棠花提前盛開。接著寶玉從出生就一直配戴的「寶玉」遺失，賈府內外遍尋不著；宮裡傳來元妃薨逝；王夫人長兄王子騰，原本要回京接內閣大學士，卻於途中病逝，壞消息接踵傳來。

小丫鬟無心說出寶玉將娶寶釵，黛玉崩潰吐血，焚詩稿、詩帕。熙鳳獻策，要黛玉的丫鬟當婚禮的臨時演員，扶著戴上頭蓋的寶釵，讓寶玉以為跟他拜堂的是黛玉。失玉後的寶玉已經癡傻昏聵，只能任眾人擺佈，娶親當夜，黛玉含恨病逝。

第一〇一～一二〇回

賈政外派江西糧道，無力約束下人舞弊。繼元春病逝，迎春出嫁，探春也遠嫁海疆，「三春散去諸芳盡，各人須尋各自門」的預言逐漸逼近，大觀園人去樓空，漸有鬧鬼妖的傳言。

賈政被參劾「失察屬員、重徵糧米」，被降職調回京都。薛蟠妻金桂欲毒害妾香菱，未料作繭自縛，誤飲砒霜暴斃。賈政返家後在榮府擺宴，錦衣衛無預警登門突擊，查抄榮寧二府，並搜出熙鳳放高利貸的證據（一疊抵押房地契與借票），賈赦、賈珍、賈蓉被押送官府，寧府全部家產、家奴都被沒收。

抄家罪狀是「賈赦包攬詞訟、賈珍強娶民女，以及牽連出來的重利盤剝」，賈赦、賈珍世襲爵位被撤，流放邊疆。賈政查帳才知道賈府早已寅吃卯糧，除非變賣家產，無力幫賈赦與賈珍籌盤纏，賈母拿出自己多年積攢的財產，分配給各兒孫。

皇帝念賈政長年外任，未問治家不嚴之罪，將賈赦被撤除的爵位，改由賈政繼承。迎春被夫婿虐死，賈母壽終歸天，眾人怨懟熙鳳治喪不力，鴛鴦追隨賈母於九泉，上吊自盡。家奴勾結外賊，趁眾人送殯城外時入侵賈府，被甄府薦來的下人包勇，以一擋十、逐退盜賊，但是賈母房中剩餘的珍寶仍被劫走。賈政之妾趙姨娘，於家廟中邪發狂暴斃。

熙鳳也被邪魔纏身，正好前來榮府探望的劉姥姥，為熙鳳念佛安神，熙鳳把巧姐的終身大事託付予劉姥姥，隨後熙鳳病逝。甄家重獲起用，形貌猶如孿生的賈寶玉與甄寶玉相見，但是甄寶玉心向文章經濟，被賈寶玉認為也是「祿蠹」之流而頗感失望。

寶玉舊病復發，癩和尚登門送還遺失的「寶玉」，寶玉病情好轉，卻因丫鬟一句話，勾起對黛玉的思念，又陷入昏迷。夢境中回到太虛幻境，見到已經過世的黛玉、秦可卿、尤三姐、鴛鴦等姐妹，但是這些姊妹們對他並不理睬，寶玉重讀十二金釵等冊子，才頓悟世上一切情緣都是魔障，清醒之後，對待姊妹們的態度轉趨冷淡。

賈政帶賈蓉一起運送賈母、黛玉等多口靈柩回金陵與蘇州，賈璉也啟程遠行探父病，寶玉、賈蘭入考場應試。賈環、賈芸等不肖子孫，趁機與邢大舅（邢夫人的兄弟）、王仁（王熙鳳的兄弟）勾搭，哄騙邢夫人要將巧姐嫁給外藩王爺。

其實外藩王爺只是要買幾個使喚的女婢，平兒與王夫人獲悉真相，但是無力阻攔，幸好此時劉姥姥四進榮國府，劉姥姥向王夫人獻策，將巧姐扮成自己的外孫女，偷運到鄉下躲藏。考場結束，賈蘭回報寶玉失蹤，眾人哭倒。

放榜結果，叔姪同榜中舉，皇帝得知寶玉是逝世的元妃胞弟，加上海疆平定，龍心大悅，因此大赦天下。賈赦、賈珍返鄉，查抄家產失而復得，榮寧二公的爵位也被恢復。巧姐、平兒平安歸來，賈璉怒斥奴僕未善盡職責，並與賈芸、王仁等斷絕往來。

賈政送靈返鄉的歸途中，見到已落髮、著袈裟的寶玉，在一僧一道的陪同下，在一片白茫茫的雪地中，向自己跪別，賈政追趕不及，才悟到寶玉生來奇異，原是仙界下凡歷劫。

賈政歸來，要家人不可再像以往散漫度日。被安排外嫁的襲人原欲尋死，但是與蔣玉菡成親後，才從兩條汗巾知道，寶玉無心中早已為她與蔣牽起姻緣線。道士在青埂峰下又見到靈石，上面刻有諸多字跡，歷述曾經下凡的種種經歷，道士抄錄後，幾經輾轉，最後交由曹雪芹著書傳世，是為《紅樓夢》。

第一章：賈政放任授權，爛帳埋下福禍興衰

——從一碗紅稻米粥，看到烏雲漸掩、山雨欲來

「經濟學之父」亞當・史密斯曾說過：「國家的崩壞，絕非一朝一夕」，賈府的傾覆，其實也早已種下敗因。

賈府抄家，禍首是富過五代、家風腐敗，但是抄家之前，賈府其實就已衰頹。衰頹的背後，曹雪芹在很多篇章都有暗喻，當家者輕忽了一本帳的警訊。

每個國家、企業、家庭，都會有一本帳，禍福興衰都可以從簡單的收支帳看出端倪，但是賈府有當家權責的人，卻完全放任，直到抄家後才去正視那本大爛帳。

賈府誰在當家呢？這裡先簡單帶一下賈府的人物系統。賈府是統稱，賈府其實又分成「榮國府」與「寧國府」，府名來歷是因為當年的兩位開創者：榮國公與寧國公。

榮寧二公是親兄弟，曾幫皇帝開疆闢土、立下戰功，被封為衛戍首都的將軍。古今中外，只有最受皇權信任的將軍，才會被指派守護京城，賈府五代風華，完全是靠這二位先祖的勳業庇蔭。

榮寧二府就是榮寧二公開枝散葉出來的兩大房，「二宅相連，竟將大半條街占了」，可見勢派之盛。《紅樓夢》的主舞台在榮府，《紅樓夢》拉開序幕時，榮府的大家長是賈母史太君（榮國公的子媳、賈府的第二代），賈母育有二子一女：賈赦、賈政（寶玉父親）、賈敏（黛玉母親）。

賈政太晚查帳，只能急跺腳

榮國公第三代的官位，是由長子賈赦世襲，賈赦不管家事，由於榮府未分家，因此榮府是由弟弟賈政當家。

賈政自幼酷愛讀書，在賈氏子孫中，人品端直、個性嚴謹，可惜他無暇、也不想把心思用在理家，「素性瀟灑，不以俗務為要，每公暇之時，不過看書著棋而已」，賈政將榮府的財政大權交給姪子賈璉、姪媳王熙鳳負責。

偏偏賈璉與熙鳳是一對「撈錢夫妻檔」，賈璉是見了錢，「油鍋裡的還要撈出來花」；而熙鳳更是貪財，違法私放高利貸，賈政可說是所託非人。

至於寧府，按輩分排序，應該也是由第三代的賈敬主政，但是賈敬一心只想求道成仙，早已搬到城外道觀，因此寧府是由賈敬的兒子賈珍當家，而且寧國公的官位也是由賈珍世襲。賈珍沒有父親管著，「哪裡幹正事？只一味高樂不了，把那寧國府竟翻過來了，也沒有敢來管他的人。」因此榮寧二府雖然看起來都有當家掌權者，但是就像外人的形容，「主僕上下都是安富尊榮，運籌謀畫的竟無一個」。

不管是大家族、還是小家庭，不能只圖眼前安逸，必須要有人運籌謀畫未來。但是要運籌謀畫未來，必須要先了解家庭的一本帳，賈政平日面對財務的態度又是如何呢？

「只見兩個管屯裡地租子的家人走來，請了安、磕了頭，旁邊站著。賈政說：『你們是郝家莊的？』兩個答應了一聲。賈政也不往下問，竟與賈赦各自說了一回話兒散了。」（第九十三回）

曹雪芹只淡筆輕描了兩句：「賈政也不往下問，竟與賈赦各自說了一回話兒散了」，已經點出當家者的態度。如果賈政平時稍有關心一下屯裡地租的情況，應該能早些發現財源的寬緊，以及從財政引發出來的種種弊端。

賈政是直到被抄家，先祖留下的兩個世職被革去，賈赦、賈珍帶罪流放邊疆，榮寧二府的食用都要由他來扛，無路可退了，才想到要查帳。

查帳的結果是急得跺腳，「這還了得！我打量璉兒管事，在家自有把持，豈知好幾年頭裡，已經『寅年用了卯年』的，還是這樣裝好看！竟把世職俸祿當作不打緊的事，有什麼不敗的呢！我如今要省儉起來，已是遲了。」（第一零六回）

賈政接著查看花名冊（員工名冊），發現人名與冊子兜不上，下人回答，「老爺幾年不管家務事，哪裡知道這些事呢？老爺只打量著冊子上有這個名字就只有這一個人呢！不知道一個人手底下的親戚們也有好幾個，奴才還有奴才呢。」浮濫的人事開銷，猶如椽桁中的蠹蟲，早把賈府吃得外強中乾了。

地租不穩，看天吃飯

當家的直到抄家後才知道只是虛名在外，反倒是外人冷眼看得明白，早在第二回，家奴周瑞的女婿冷子興就形容賈府，「如今外面的架子雖未甚倒，內囊卻也盡上來了」，因為外人從收支差距，就能看出賈府正在坐吃山空。

賈府不經商，財源只有世俸與收租。世俸雖然有兩份（榮國公與寧國公留下來的官俸），但是傳衍到第五代，食指浩繁，俸祿恩賞應只是杯水車薪，賈府主要收入是靠收租。

收租包括房租與地租，鄉下的地租是看天吃飯，旱災、水災、冰雹、蝗害，都會造成顆粒無收。

第五十三回敘述歲末臘月，幫寧府管理莊地的莊頭押運收成進京，呈上的清單乍看洋洋灑灑，列了幾十樣禽、畜、魚鮮、雜糧，關鍵是只有「折銀二千五百兩」。從莊頭口中得知榮府的莊地雖然更多，「今年也是這些東西，不過二、三千兩銀子，也是有饑荒打呢！」

收入有限，支出卻是無底洞，首先是固定開銷的人事費用。榮寧二府排場大，奴僕省不了，從黛玉初被接進榮府時，就可以看出陣仗。「門前列坐著十來個華冠麗服之人……抬進府內、另換了四個眉目秀潔十七八歲的小廝上來抬著轎子。」

看看光守門傳達的下人就有十幾個，扛轎子的奴才，還分成內外兩批人馬。榮寧二府四百多人，奴僕至少大半，各房主僕都有固定月錢、與年終壓歲錢可領，龐大的人事管銷，只有管帳的王熙鳳一個人清楚：賈府是「一日難似一日」。

固定的人事開銷省不下來，空架子還是要擺出來，譬如賈府的紅白大禮。有一回，賈璉又想偷當賈母的金銀寶貝，必須要先過賈母貼身大丫頭鴛鴦這一關，賈璉跟鴛鴦解釋的原因是，「這兩日，因老太太千秋，所有的幾千兩都使了……明兒又要送南安府裡的禮，又要預備娘娘的重陽節，還有幾家紅白大禮，至少還得三千兩銀子用……」（第七十二回），從這段說詞可以略窺賈府往來的紅白禮，動輒都是數百、上千兩銀子的手筆。

賈府應付往來的紅白禮已經很驚人了，當自家要辦紅白事時，花錢更如流水。譬如寧府秦可卿（賈珍的子媳）的早逝，是《紅樓夢》的第一場、也是排場最豪盛的喪禮。

不講水路道場，光是一口罕見的鐵網山出產的棺木就費銀一千兩；為求風光，讓靈幡上的職銜夠派頭，賈珍又幫兒子賈蓉捐官一千兩。

大觀園也是大錢坑

紅白禮之外，還有爺們搞七捻三的開銷，與宮裡太監們的敲詐，張口都是數百、上千銀兩。但是賈府口袋最大的破洞，是寧府當家秦可卿過世時，跟榮府當家王熙鳳託夢時預告的，「眼見不日又有一件非常的喜事，真是烈火烹油，鮮花著錦之盛。」這件非常喜事，就是賈政女兒元春將要封妃，以及封妃後的省親。

在第十六回，皇室施恩降旨，「凡有重宇別院之家，可以駐蹕關防者，不妨啟請內廷鑾輿入其私第，庶可盡骨肉私情，共享天倫之樂事」。用白話文解釋，就是貴妃娘家如果有大宅院，可以容納御營隨扈的大隊人馬，貴妃就可以回娘家探親。

於是各貴妃家族開始忙著修蓋省親別院，賈府輸人不輸陣，也開始大手筆啟造大觀園。大觀園的基地雖然是現成的，但是占地三里半，亭台樓閣、十幾處院落的軟硬體都須置辦，賈政平日不管俗務，當然就放手憑著賈赦、賈珍、賈璉等眾人去安插擺佈。

當元妃參觀這座用十數萬兩白銀堆出來的錦繡園林時，「只見園中香煙繚繞，花影繽紛，處處燈光相映，時時細樂聲喧，說不盡這太平景象，富貴風流！卻說賈妃在轎內看了此園

內外光景，因點頭歎道『太奢華過費了！』」（第十八回）

為了元妃與家族的風光，賈府砸下重金，反觀元妃對於娘家的回饋，頂多是逢年過節的一些皇室小玩意兒，像是綵緞、古董，就算是金錢賞賜，也不過一百兩金子，纔值一千兩銀子。就像賈珍說的，「這二年，哪一年不賠出幾千兩銀子來？頭一年省親，連蓋花園子，我算算，那一注花了多少，就知道了。再二年，再省一回親，只怕就精窮了！」（第五十三回）

賈府收入只有恩俸與房地租，開銷卻是破了好幾個大洞，當然財政嚴重惡化，賈政等到抄家後查帳才知道，「所入不敷所出，又加連年宮裡花用，賬上多有在外浮借的。再查東省地租，近年所交不及祖上一半，如今用度比祖上加了十倍。」（第一零六回）

賈政如果早點查帳，就算要安排讓貴妃女兒省親，應該不會再任由堂兄弟、子姪們把大觀園變成大錢坑；如果早點關心財務，風行草偃，子孫一定會跟著重視金錢。

一日，寶玉的丫鬟晴雯傷風，請來大夫看診，看診完畢、寶玉要另一位丫鬟麝月取銀子付給大夫，「麝月便拿了一塊銀，提起戥子來問寶玉：『那是一兩的星兒？』寶玉笑道：「你問的我有趣兒！你倒成了是纔來的了！』麝月也笑了，又要去問人。寶玉道：『揀那大的給他一塊就是了。又不做買賣，算這些做什麼！』」（第五十一回）

清代主要通貨有銀錠與銅錢，用散碎銀塊交易時會秤重，如果超出應支付的重量，會將多餘的碎塊剪下來。寶玉主僕不知銀兩輕重，也不知如何使用量秤的砝碼，還是旁邊的婆子看不下去，提醒他們已經多給了一倍的銀子，但是主僕仍然將錯就錯。

等到後來賈府困窘，賈政慨嘆，「倘或我珠兒在世，尚有膀臂；寶玉雖大，更是無用之物。」（第一零六回）。賈政有兩個兒子，長子賈珠早逝，次子寶玉在賈政心中是一個「無用之物」。

但是養子不教誰之過，寶玉的「要五毛、給一塊」，以及在財務方面無法成為父親臂膀，賈政自己對金錢的不上心，平日沒有給予金錢的身教言教，難道沒有責任？

當然我們不能用世俗之見來評價賈寶玉這種「仙界人物」，因為他原是青埂峰下的一塊通靈石，下凡只是為了歷劫消情債。因此寶玉生性厭惡文章經濟，更不可能在意銀兩輕重，但是曹雪芹特別安排這段主僕不識銀兩輕重的插曲，應該別有深意。

精簡人事案，王夫人始終冷處理

其實賈府的財政衰敗，不能全歸責在賈政一人，因為賈政經常被外派，妻子（王夫人）其實更難辭其咎，把《紅樓夢》裡幾處關於王夫人的反應串在一起，就能看得明白。

賈府最有理家能耐的是賈母，可惜年事已高，退休交棒給兒子賈政。賈政因為官事在身，又經常被外派，論理應該是媳婦王夫人要擔起這個「賢內助」的職責，結果王夫人卸責，又轉給王熙鳳。

王熙鳳是賈赦、邢夫人的兒媳婦，王夫人為何會放心交出財政大權？因為王熙鳳也是王夫人的親姪女，王夫人等於是王熙鳳的姑媽，王熙鳳跟王夫人是親上加親，既是姻親、也是血親。

即使如此，榮府重要的決策，還是王夫人說了算。譬如王熙鳳提出精簡人力的建議時，王夫人並沒有支持。管帳的王熙鳳，其實最清楚榮府已經是個出多進少的空架子，排場卻還是「照著老祖宗手裡的規矩」，王熙鳳知道，如果不趕緊儉省，再幾年就都賠盡了！

因此當王夫人為了一隻繡了春宮圖的香囊，對王熙鳳大動肝火時，熙鳳分辨完自己的清白後建議，「…不如趁著這機會，以後凡年紀大些的，或有些磨牙難纏的，拿個錯兒，攆出去，配了人：一則保的住沒有別事，二則也可省些用度。太太想我這話如何？」王夫人的回應卻是，「雖然艱難，也還窮不至此。」（第七十四回）

等到下人挑撥寶玉屋裡的丫鬟晴雯「妖妖調調，大不成個體統」，此話正好踩到王夫人最在意的地雷，她最恨丫鬟勾引寶貝兒子寶玉，直到這時王夫人才認真的攆了幾個她認為是「妖精似的東西」。

王夫人其實是個好人，憐貧恤老、齋僧布施，但是只要讓她犯疑心，有帶壞寶玉嫌疑的婢女，下場都很悲慘，前後有兩條無辜的人命是送在她的手上，一個是金釧，一個是晴雯。

王夫人沒有把權力發揮在對的地方，她對於財政的鴕鳥心態，在第七十五回又添了一筆。賈母用膳，要稀飯吃，姪孫媳婦尤氏（賈珍妻子）送上一碗紅稻米粥。

因為紅稻米粥有補血療效，賈母吩咐下人給小產臥床的孫媳婦王熙鳳送一碗過去，當然也要公平對待在旁伺候用飯的尤氏，賈母問下人為何不給尤氏也盛一碗紅稻米粥？

大丫鬟鴛鴦說：「如今都是『可著頭做帽子』了，要一點兒富餘也不能的。」王夫人趕緊解釋，是因為「旱澇不定，莊上的米都不能按數交的，這幾樣細米更艱難。」（第七十五回）紅稻米，又稱為胭脂米、紅糯米，不容易大量種植，因此王夫人以「細米」為由，跟婆婆賈母解釋為何沒剩餘。但是旱澇災情，不會只影響「細米」，王夫人應該知道，所有的莊稼都會受到衝擊。

尤其專管春秋兩季地租的家奴周瑞，還是王夫人的陪房，也就是隨著王夫人陪嫁去賈府的奴僕，王夫人等於是周瑞的直屬主子，更該掌握到地租的第一手情報。

第七十二回，王熙鳳跟下人提到，「前兒老太太生日，太太急了兩個月，想不出法兒來，還是我提了一句，後樓上現有些沒要緊的大銅錫傢伙，四五箱子，拿出去弄了三百銀子，纔把太太遮羞禮兒搪過去了。」由此可知，王夫人早知道賈府已經要靠典當過日子了。

再多一碗也沒有的紅稻米粥，就像是漸掩的烏雲，預兆賈府已經失去富餘，從賈母到王夫人，卻都沒意識到山雨欲來。（看到這裡，真想學穿越劇進到榮府，搖晃王夫人的肩膀，不能再跟婆婆粉飾太平了啊！）

姪女王熙鳳的話，沒有聽進去，甥女薛寶釵的話，王夫人也是馬耳東風。在香囊事件引發的大搜查後，寶釵找個理由要搬出大觀園時，曾經語重心長的跟姨媽王夫人建議該儉省了，「姨娘深知我家的，難道我家當日也是這樣零落不成？」

薛寶釵的祖上曾是皇商，負責幫皇室採辦雜料，是金陵四大世宦豪門之一，民間傳頌的「豐年好大『雪』，珍珠如土金如鐵」，雪字諧音薛，就是形容當年薛家的財力，但是到了寶釵這一代，也已逐漸蕭條。

聰慧的寶釵深知榮枯盛衰，必須早作打算，但是寶釵的諍言，姨媽還是沒聽進去。大管家林之孝也曾費了好大一番唇舌，建議賈璉要跟賈母、賈政稟報，精簡使喚的人力，大了的丫頭們應該儘早婚配出去。賈璉也很無奈的說，王夫人因為老爺剛返家團聚，「忽然提起這事，恐老爺又傷心，所以且不叫提起。」

外人、下人都知道要精簡，王夫人的態度卻是「冷處理」。其實王夫人並非不清楚長年的虧空，賈政為了「重利盤剝」的罪名責問賈璉，賈璉跪下說道：「…現在這幾年，庫內的銀子出多入少，雖沒貼補在內，已在各處做了好些空頭，求老爺問太太就知道了…」（第一零六回）

小確幸主義，造就更多的現代王夫人

賈政狀況外、王夫人冷處理，就算有專人詳實記帳，這本帳也失去體檢財政的功能。因為賈府的問題不是作假帳，就如賈璉跟賈政的稟報，「姪兒辦家事，並不敢存一點私心，所有出入的賬目，自有賴大、吳新登、戴良等登記，老爺只管叫他們來查問。」賈府的問題是當家的根本沒查帳、沒理帳。

有記帳、有查帳，就能提早注意到人事弊端、財務警訊，進而約束財政、約束腐敗的家風。

第一一四回，抄家禍後，賈母等人相繼過世，賈赦、賈珍發配邊疆，清客程日興陪賈政說話，賈政感慨著提起：「家運不好，一連人口死了好些，大老爺合珍大爺又在外頭。家計一天難似一天，外頭東莊地畝，也不知道怎麼樣，總不得了！」

東莊地畝現在是賈府的唯一財源了，賈政這時仍然搞不清楚為何地租收入一直下滑，旁觀者清的程日興，這時才講出他看到的現象：「我在這裡好些年，也知道府上的人那一個不是肥己的？一年一年都往他家裡拿，那自然府上是一年不夠一年了。」

外人程日興不只看出賈赦、賈珍的花費大手，還知道賈府的欠債與破財，賈政如果有要求看帳本，撈錢的、自肥的、花錢無度的，都會在帳本上現形。

賈府當家的輕忽一本帳的同時，我們自省可有注意自家的一本帳嗎？記帳確實繁瑣，但是至少要能說得出來每月、每年的結餘或是缺口；至少要能清楚累積的財富淨值，是否對付得了老殘病死的風險。

《紅樓夢》講的是清代豪門的興衰，現代的讀者肯定會想，我們沒有數百名的家人、奴僕要養，更不會有省親、太監勒索等奇特的開銷，但是不要忘記，我們的口袋也會有大大小小的「破洞」，而且是這個時代才會有的「破洞」。

有一天，我的某個LINE群組在「揪團」參加品酒會，美食、美酒、音樂，一人兩千八百元，不到半天工夫，主辦者宣告三十個名額已滿。我趕緊滑到前幾天的聊天畫面，因為記得當時群組裡一堆人還在嚷著：「苦！油價又漲了，日子又要難過了」。

結果喊窮的同一群人，過沒兩天、自己又去戳破一個口袋洞，接著群組裡就被一張張的喝紅酒、吃法式餐、聽薩克斯風的相片給洗版，我揉了揉眼睛，真以為是自己眼花、點錯群組了。

消費主義加上網路社群，就像魚幫水、水幫魚，互相幫襯、一起壯大。在這種氣氛下，我們很容易就會讓「王夫人」上身，雖然知道家計不富餘，但是總認為，「雖然艱難，也還窮不至此」，結果是白花花的銀子，用各種說服自己的理由，從一個個的破洞流了出去。

如果沒有負債，現代版的「王夫人們」，或許還可以放心地追逐各種小確幸；但是若有負債，就要提防小確幸也會釀成大窟窿。賈府負債的代價之一，是賈迎春的一條命。

還不了的債是為「孽債」

《紅樓夢》十二金釵裡個性最怯懦的賈迎春，因為父親賈赦圖孫家的「家資饒富」，安排女兒嫁給勢利、兇蠻、酗酒的孫紹祖，迎春最後就被這位姑爺辱虐致死。

孫姑爺為何敢對迎春如此頤指氣使？原來賈赦在指這門婚事之前，曾跟孫紹祖借了五千兩銀，迎春回娘家哭訴姑爺指著她罵，「你別和我充夫人娘子！你老子使了我五千銀子，把

你准折賣給我的。好不好，打你一頓，攆到下房裡睡去……』」（第八十回）

賈赦其實不是還不了這筆錢，錦衣衛來抄家時，賈赦這一房被抄沒的財產明細開出來，先不論珍玩、或是上等獸皮、緞匹等，光現金就有「潮銀七千兩、淡金一百五十二兩、錢七千五百串」，這些金銀足以幫女兒還債。

原來迎春是妾生的，大太太邢夫人貪婪小氣，「凡出入銀錢，一經她的手，便剋扣異常」，難怪賈赦要跟孫紹祖伸手，難怪邢夫人會坐視迎春被夫家冷嘲熱諷。

賈母三位孫女，有兩位早逝，但是賈元春是當上了貴妃，享盡了榮華富貴後死的；賈迎春卻是出嫁才一年多，就被孫家揉搓喪命。曹雪芹在第一零九回下的標題是：「還孽債迎女返真元」，還不了的債稱為「孽債」，迎春要用自己的一條命幫父親償債，可見曹雪芹筆下對於「孽債」寓意的深重。

家庭對於揹負重債要戒慎，國家其實更要戰戰兢兢。現在世界堆疊出來的債務不斷創下歷史新高，而且有相當比例是曹雪芹所謂的「孽債」，也就是還不了的債。而這個巨大債台的支柱，叫做「信任」、「信心」，偏偏信任與信心最是脆薄。

當整個世界都站在一個搖搖欲墜的債台上時，可以挽救的財政工具、或是貨幣工具都已快用盡時，我們能做的是：當家的扛起當家該盡的職責，當家的要看好自家的一本帳，甚至是看好國家的一本帳。

特別是揹有房貸、車貸、卡債的家庭，不只要監控現金流出，更要為現金流入一旦斷流預做準備。

禍福無常，不是只有在《紅樓夢》裡才有，經歷過風流雲散的曹雪芹，在「一本帳」上的筆墨用心，我們可看懂了嗎？

風險意識

第二章：元妃早逝靠山倒，兩代都未居安思危

——兩場託夢預警，月滿則虧、榮華易逝

「如何讓未來的生活變得很悲慘？」這是一場中學畢業典禮的演講主題，很顛覆吧。畢業典禮演講，大多是正經八百，類似「如何迎向幸福未來？」這一類很助眠的主題，學子們通常是等到一陣掌聲後才醒過來，很少有主講者會引導學子「反著想」未來的人生。

這場演講的主講者，是很善於逆向思考的查理·蒙格，他是投資大師華倫·巴菲特的最佳拍檔。他認為，想要知道人生如何變幸福之前，應該先知道如何才會變得悲慘。

危機經濟學，也是先研究市場如何失敗、為何失敗，與蒙格提倡的「反著想」，有著同樣的精神。

秦可卿預警王熙鳳，月滿則虧、水滿則溢

曹雪芹在《紅樓夢》中，也是透過幾位關鍵人物，提醒一定要「反著想」，在風華正茂時就要有危機意識。盛極必衰，不僅是《紅樓夢》的核心精神，也是世間萬物都逃不了的宿命。

寧府第四代媳婦秦可卿（賈珍的兒媳），與榮府第三代媳婦王熙鳳年齡相仿，但是按輩分，可卿要叫熙鳳一聲「嬸娘」。可卿過世當晚，到熙鳳夢中道別，「……因娘兒們素日相好，我捨不得嬸娘，故來別你一別。還有一件心願未了，非告訴嬸娘，別人未必中用。」（第十三回）

可卿未了的心願，為何告訴別人也未必中用，只能來託夢熙鳳？因為榮府的財政大權是抓在熙鳳手上。

可卿接著跟熙鳳預警，「……常言『月滿則虧，水滿則溢』，又道是『登高必跌重』。如今我們家赫赫揚揚，已將百載，一日倘或『樂極生悲』，若應了那句『樹倒猢猻散』的俗語，豈不虛稱了一世詩書舊族了？」

秦可卿一縷幽魂，還念茲在茲的來託夢，其實是幫祖先們傳話。我在第一章已點出王熙鳳的地位，雖然擔任榮府的財務長，但是重要決策權，還是要她的「老闆們」說了算。

不過，王熙鳳因為實際經手財務，最清楚賈府的外強中乾，危機意識其實勝過她的幾個頂頭上司。可惜自古人性愛喜鵲、不愛烏鴉，老人們尤其不喜歡聽煩心事，王熙鳳就算想要拿著大刀砍，力行開源節流，噓聲肯定比掌聲多。

第五十五回敘述王熙鳳小產，必須臥床靜養，得力助手掛病號，王夫人趕緊再抓守寡的長媳李紈與庶出的女兒探春，幫她處理各種瑣碎家事，於是探春風風火火的開始整頓起賈府。

王熙鳳的大丫鬟平兒回報，探春果斷裁減了好幾項開銷，熙鳳有感而發的說：「你知道我這幾年生了多少省儉的法子，一家子大約也沒個背地裡不恨我的。」

從這兩句話可以知道，就算王熙鳳要進行財政改革，如果沒有上行下效、形成風氣，除了擔心外人笑話，譏諷賈府也學小家子要精打細算外，還得提防自家人抱怨太刻薄。

賈元春預警史太君，榮華易盡、退步抽身

那麼誰最能讓賈府風行草偃，早一點「反著想」未來可能變悲慘的原因？我認為應首推賈母。

但是大家長賈母顯然最缺乏危機意識，第七十五回，王夫人來報告甄家被抄，賈母聽了，雖然心中不太自在，結果她當時的反應竟是：「偺們別管人家的事，且商量偺們八月十五賞月是正經。」

甄家與賈家是數代老親，「從前一樣功勳，一樣世襲，一樣起居」，甄家受到的榮寵，應該更勝於賈家。在第十六回，賈府老奴趙嬤嬤就提過，江南甄家曾接御駕四次。

了解曹雪芹家世的讀者就知道，《紅樓夢》裡的甄家，其實就是影射曹雪芹出身的曹家。曹雪芹祖上多人都擔任過江寧織造，織造職務是負責為皇室採買、製造緞匹。

在第五十六回提到，江南甄府家眷進宮朝賀，先遣人來賈府送禮請安，禮單上列的有，「上用的粧緞蟒緞十二疋，上用雜色緞十二疋，上用各色紗十二疋，上用宮綢十二疋，宮用各色緞紗綢綾二十四疋。」

禮單清一色都是上用緞匹織物，間接說明《紅樓夢》裡的甄家，與曹雪芹的曹家，做的都是織造的行當。甄家在《紅樓夢》裡的興衰演變，其實是幫賈府先做「預演彩排」。

賈母沒想想，接駕四次的甄家，仍然會被抄家，時常往來的世家遭遇大難，身為大家長的賈母，卻沒有物傷其類的危機意識，只關心自家怎麼歡度中秋，在大觀園的哪一處亭閣賞月最好。

曹雪芹刻意寫出賈母聽到甄家抄家消息的反應，已隱喻賈母沒有危機意識。沒有危機意識，自然不會有危機管理的念頭。第一次的秦可卿託夢示警王熙鳳，沒有扭轉危亡的家運，作者又安排第二次的託夢示警賈母，這次是讓更大咖的元妃登場。

第八十六回，敘述賈母閉眼就夢到孫女元妃。因為元妃去年曾病了一回，家人聽了賈母夢境不免擔心，趕緊跟宮中打聽，結果一切安好。

過兩天賈母又夢到元妃，這次的夢境更是歷歷如繪，賈母清楚記得，「元妃還和我說是：『榮華易盡，須要退步抽身。』」

因為賈母當時身子不好，因此眾人都把賈母幾次的夢境當成「有年紀的人思前想後的心事」。而且後來宮中雖有貴妃薨逝，但不是元妃，賈母自然沒再把孫女的預警當回事了。

但是從曹雪芹安排元妃託夢賈母，而非父親賈政、或是母親王夫人，也意味著，力挽狂瀾的最後機會，是在賈母身上。如果賈母能從「榮華易盡，須要退步抽身」，這麼清晰的一句夢話裡產生危機意識，賈府抄家大禍，傷害或許可以減輕。

年高識深的賈母，應該要比子孫更懂得，從榮寧二公到賈蓉、賈蘭、巧姊這一代，富過五代的榮華，原本就維繫不易。孫女元妃又數度夢中提醒，直到此時，這位大家長還是沒有趕緊「反著想」，預作打算。

賈母其實早就知道賈府「外頭好看，裡頭空虛」，但是卻任由子孫把排場搞的「轟轟烈烈」，賈母卻樂得不管，只是「說說笑笑，養身子罷了」。直到家運敗壞到不可收拾，才愧疚無顏地下見祖宗了。

很多老人家，就像王維詩中的描述，「晚年惟好靜，萬事不關心」。但是不關心的結果，就是輕忽危機「常發於至微，而終成大患」。

靠山給的幸福，不是真幸福

為什麼從賈母、到賈政、王夫人，兩代都缺乏危機意識？因為誰會想到最大的靠山，也就是年紀輕輕的元妃竟然會早逝。

第一章有提到，賈府不經商，主要收入靠地租。而地租比祖上年代少一半，開銷卻比祖上多了十倍。這麼大的財務缺口，賈府卻能夠維持空架子，部分原因就是有元妃這位大靠山。

賈府原本就有世襲官職可以倚靠，賈元春「封為鳳藻宮尚書，加封賢德妃」，等於跟皇帝進一步結成親家，賈府子孫更是雞犬升天、有恃無恐。

從賈璉陪黛玉送完林如海的靈柩返家，妻子王熙鳳笑說：「國舅老爺大喜！國舅老爺一路風塵辛苦！」可知賈府眾人已經以皇親國戚自居了。

元妃就像是賈府開出來的一張空白支票，不管數字填多少，都能借到錢。因為大家都相信有這位受寵的貴妃在宮中，家庫通皇庫，「姑娘做了王妃，自然皇上家的東西分了一半子給娘家。」（第八十三回）

大家都不會料到，這張「空白支票」竟然會這麼快就跳票了，元妃歸天、外界給予賈府的信用，與來自皇室的庇佑，當然也跟著消失。其實元妃的父親賈政之前已經從一件貢品參到「樹倒猢猻散」的禪機。

一日，有人來賈府兜售可做為進貢的寶貝，其中有一顆光華耀眼的珠子，名為「母珠」。這顆母珠神奇之處，是可以把同一個盤子裡的其他小珠子吸過來，「滴溜滴溜的都滾到大珠子身邊」。

賈政從這顆母珠參悟到，「天下事都是一個樣的理喲。比如方纔那珠子，那顆大的，就像有福氣的人似的，那些小的，都託賴著他的靈氣護庇著。」（第九十二回）

元妃就像是那顆有福氣、有靈氣的「母珠」，賈府眾人都靠著她來護庇。賈政雖然知道，「要是那大的沒有了，那些小的也就沒有收攬了。」，但是沒想到，這一天來得這麼快、這麼早，女兒無法福壽雙全，多福卻短壽，「痰厥，存年三十一歲」。

更沒料到的危機是：六親同運。元妃驟逝，王夫人與薛姨媽的哥哥：王子騰，原本要進京拜相，接任內閣大學士，沒想到離京城只剩二百里路了，竟然染風寒、誤用藥，因此一命嗚呼。

金陵城有四大豪門世家：賈、史、王、薛，彼此都有姻親關係，當然彼此也會互有奧援。賈母史太君的娘家就是四大豪門中的史家，史家的「虛架子」早已經塌下來了。現在賈家失勢，王子騰又魂斷途中，薛姨媽期待這些靠山幫不肖子開脫死罪的盤算，就像「寡婦死了兒子」，沒指望了。

薛寶釵的哥哥薛蟠因為打死人，吃上人命官司，被關在大牢。為了這場官司，薛家不知花了多少銀兩，夥計也趁機虧空，原本的產業，不是變賣、就是賠本收了。

四大家族叱吒風雲時，一榮俱榮；遭禍落難時，一損俱損，簡直像是赤壁之戰中的「火燒連環船」，遇到火大風疾，綁在一起的戰船，片刻就燒個精光。

這也是曹雪芹為何要在很多章回間，一再的預警潑冷水，只要是別人給的幸福，就不是真幸福，他用自家先盛後衰的親身經歷，提醒世人：「轉瞬榮枯，真似春雲秋葉」，榮光越盛、越該懷抱危機意識、風險意識。

無法預測黑天鵝的類型，一定要預想黑天鵝的後果

甄家為賈府先預演了「黑天鵝」的可能，賈母、賈政母子倆，還是沒料到御史彈劾的抄家大禍也會落在自家頭上。

「黑天鵝」的定義是，「最不可能發生，但最後卻發生的危機」，「黑天鵝」不會只出現在小說裡，我們無法預測「黑天鵝」的類型，但是一定要預想「黑天鵝」的後果。

一九一二年，有一艘號稱永不沉沒的「夢幻之舟」，在一片歡呼聲中首航。這艘當時被認為是最偉大的巨輪，還是由最優秀的船長掌舵。

「夢幻之舟」的原始設計是，即使正面撞上冰山，也不會沉沒。誰料到，最致命的敵人卻是從側面來襲，「夢幻之舟」的船側，被冰山狠狠的開腸破肚，最後永遠沉沒在大西洋底。

相信很多人都猜到了，這艘夢幻之舟就是「鐵達尼號」，讓她第一次出航就致命的「黑天鵝」，其實是航道上經常出現的冰山。每年有上千座冰山，從格陵蘭的冰原往南漂流，在

鐵達尼號之前，少有冰山釀成重大船難的紀錄，而且在北大西洋航道上往來的商旅，早就慣於和冰山為伍。

但是慣性往往會闖大禍，這位過去從未見過、或是經歷過任何一件船難的船長，卻創下了最大的海難紀錄。鐵達尼號給世人的啟示是：即使猜不到「黑天鵝」會從哪裡來，但是一定要先想一想，如果「黑天鵝」來了後，會是怎麼樣的結果。

也就是一旦登到船上，就該想到，不管甚麼樣的原因造成船難，但是船難的最大災禍就是沉船，從船東、船長、到乘客，都該有的危機意識是：如果真的要沉船了，該怎麼辦？

鐵達尼號卻從沒有把沉船危機放在心上。鐵達尼號事發前倚靠的是自認為「永不沉沒」的設計，事發後倚靠的是附近可能會來援救的船隻，就是沒有倚靠自己船上應該先準備的足夠救生艇。

這跟賈府上上下下，只想靠祖宗庇蔭、靠貴妃榮寵、靠世家老親相扶相幫，心態完全相同。卻都沒有想過，當好運用完時，會是怎麼樣的光景？

賈府與鐵達尼號共同犯的大錯都是，缺乏危機意識、缺乏危機準備。曹雪芹語重心長，其實是想提醒，身為一家之主，是不是該有危機意識？是不是該為危機做好準備？賈府的危機過後，是一夕變窮。

系統風險與人身風險，會造成一夕變窮

一夕變窮，不只是發生在《紅樓夢》，中產階級也會碰上。通常有兩種「黑天鵝」會讓一般家庭受到重創，一種是系統性風險，一種是人身風險。

系統性風險，是一種財務學用語，就是不管有沒有投資，所有資產、所有族群都會受到重創。

更嚴重的系統性風險，甚至不只侷限在一個國家，而是區域性、全球性，譬如二〇〇八年的全球金融海嘯，下一個全球性的系統性風險，市場最擔心的是債市泡沫破裂。

債市泡沫破裂，比股市泡沫破裂還可怕。以往會接觸到債券資產的只限大戶，近年來由低

利到負利，散戶也透過各種管道成為債券的直接、間接投資人。

一旦午夜鐘聲響起，馬車變回南瓜，重債國家、重債企業、重債家庭、擁有高比例債券相關資產的投資人，尤其要提防債市破裂引發的系統性風險。

系統性風險之外，第二個會重創家庭的還有人身風險，包括：病、殘、老、死，要提醒的是，這四大風險不一定是從年輕到老、按著順序來。

遠的不提，二〇一四年的高雄氣爆，二〇一五年的八仙塵爆，二〇一六年的維冠金龍大樓倒塌，對於這些受難的家庭來說，都是怎麼也想不到的「黑天鵝」，而且裡面有很多是年輕的生命。

當人生的漫長航道上，突然矗立起一座「冰山」時，我們可有為自己、為家人做好準備？如果扛家計的人走得太早、或是家人病殘得太重，這個家庭會不會受到重創？甚至被迫解體？這些省思，都是我在讀《紅樓夢》時，會反覆湧上心頭的。

《紅樓夢》畢竟是一本小說，情節是虛構的，《我們的新世界》一書描述的情境則是真實的。

印象很深刻的一段，是作者、也是當時美國聯準會主席葛林斯班，在九一一事件發生時的反應。當時人在瑞士的葛林斯班，與坐鎮聯準會的副主席通電話，兩人逐項討論「危機管理檢查表」，確定這個突發的變局，是否有在掌控中。

九一一事件，是自一九四一年珍珠港事變後，美國本土首度遭受攻擊，而且是金融重鎮、紐約地標世貿雙子星大樓、與國防部所在的五角大廈，葛林斯班立刻先設想最壞的可能是，金融體系瓦解、電子支付系統癱瘓，美國與全球經濟都可能崩跌。

從美國聯準會的反應可知，他們平常就已沙盤推演各種「黑天鵝」的可能，譬如核子攻擊，並且有一張危機管理的 **check list**。當「黑天鵝」真的出現時，才能臨危不亂的正確因應。

很多成功的企業家，也都有一個共通點，就是花最多的時間去想危機，以及危機發生時的因應對策。

我們不是央行的掌舵者，也不是企業家，但即使只是管理一個家庭，是否也應該在安穩的時期，先花點時間想一想，簡單試擬一張「家庭危機管理檢查表」。

如果平日沒有預演可能的危機，一旦危機發生，就只能靠直覺反應，而直覺往往最誤事。如果有試擬過「家庭危機管理檢查表」，不管這張 check list 是否詳盡，重要的是，我們有帶著全家一起想，各種危機的可能、與危機發生時的對應，讓危機意識內化成為一種家庭文化。居安思危，是曹雪芹教的，也是我在《紅樓夢》學到的人生智慧。

第三章：可卿諄諄提對策，家長要為子孫留退路

——先往最壞的地方想，才能常保安康

《道德經》與《紅樓夢》有甚麼不同？前一本不是理財書，後一本可以看成是理財書，我想很多文學家要跳腳了，且聽我慢慢說分曉。

《道德經》第五十八章有一段：「禍兮福之所倚，福兮禍之所伏」，點出禍福相倚，感到幸福滿盈時，小心災禍已經蹲在一邊等了，老子李耳在這裡提醒的是危機意識、風險意識。

但是《道德經》只有點出風險意識，沒有風險管理，因此《道德經》是哲學書，不是理財書。

《紅樓夢》既點出風險意識，而且還鉅細靡遺的給了風險管理、風險對策，提示要做哪些財務安排，而不只是預告危機、風險，帶著大家窮擔心而已，這是我為何認為，《紅樓夢》不只是一本文學書，也可以看成是一本理財書最主要的原因。

秦可卿對策有二，一是祖墳、二是家塾

在前一章已經提到，秦可卿言之諄諄，託夢預警王熙鳳，務必要提防「月滿則虧，水滿則溢」、「登高必跌重」、「樂極生悲」。

忠言難免逆耳，但是王熙鳳也知道秦可卿的顧慮是對的，趕緊請教永保安康之道。秦可卿笑嬸娘太癡，因為自古沒有「永」保之道，頂多能做到「常」保之道。

可卿提示讓家族財富常保的原則就是「於榮時籌畫下將來衰時的世業」。用白話文解釋，是繁榮時就要做好衰退的準備。這個原則與春秋時代一位偉大的經濟學家計然所說：「旱則資舟、水則資車」如出一轍（《史記・貨殖列傳》）。

把計然與曹雪芹的話真切聽進去，並且身體力行，不僅能「常保安康」，還能成就大事業。亞洲首富李嘉誠就是一個顯例。他一生奉行的就是「旱時，要備船以待澇；澇時，要備車以待旱。」

不過，曹雪芹還不只是提示原則，他透過秦可卿詳細擘劃了執行方案，第一個是針對祖墳，

第二個是針對家塾，因為夢中秦可卿最擔心的，就是未來家敗之後，維繫這兩個地方的財源將會出問題。

秦氏道：「目今祖塋雖四時祭祀，只是無一定的錢糧；第二，家塾雖立，無一定的供給。依我想來，如今盛時固不缺祭祀供給，但將來敗落之時，此二項有何出處？」（第十三回）

乍看到這一段文字時，會不免疑惑，賈府祖墳，雖是四時祭祀，但是祭祀花費終有限度；賈府家塾，屬於義學性質，主要是由族中有當官的人來資助，就算未來官職被撤，家塾應該也不至於難以為繼。

但是秦可卿最關心的、以及提出的財務安排，都集中在這二項。可卿的指示是，「莫若依我定見，趁今日富貴，將祖塋附近多置田莊、房舍、地畝，以備祭祀、供給之費皆出自此處，將家塾亦設於此。」

祭祀產業不入官，是子孫唯一退路

可卿建議趁著目前富貴有餘裕時，在祖墳附近多購置一些供人住的田舍、以及供耕種用的田地，這些資產都會產生錢糧孳息，以後不管是祭祀或家塾，就會有專款專用的財源了。

可卿還對這些祖墳邊的田舍，進一步提出了管理辦法，「合同族中長幼，大家定了則例，日後按房掌管這一年的地畝、錢糧、祭祀、供給之事。如此周流，又無爭競，也沒有典賣諸弊。」

從可卿的這段話，可以看出曹雪芹深諳人性，大家族雖然同一血脈，但是各房還是會各有私心。在祖墳邊購置的資產屬於公產，不肖子孫當然會有覬覦盜賣的念頭。

但是召開全族會議，會同全族老幼，明定採取各房每年輪流管理的辦法，大房如果今年偷偷典賣，明年就無法清點交接給二房，用這套制度可以斷了子孫敗家產的弊端。

更重要的是，可卿接下來道出這項財務安排的目的，「便是有罪，己物可以入官，這祭祀產業，連官也不入的。便敗落下來，子孫回家讀書務農，也有個退步，祭祀又可永繼。」

原來可卿要王熙鳳在祖墳邊購田舍土地，第一個目的是，「便是有罪，己物可以入官，這祭祀產業，連官也不入的。」封建時代的官宦有罪，處罰之一是抄家，第一零五回、錦衣軍查抄寧國府，詳述了官府查抄榮寧二府時的驚心動魄。

為了避免打草驚蛇，官府查抄一定是閃電行動，會先派衙役守住各大小門，命令上下人等一步不能亂走。

寧府最慘，從寧府老奴焦大的哭訴，可得知抄家時的經過，「裡頭女主兒們都被什麼府裡衙役搶的披頭散髮，圈在一處空房裡；那些不成材料的狗男女都像豬狗似的攔起來了；所有的都抄出來擱著，木器釘的破爛，磁器打的粉碎。」

等榮府聽到風聲，再想要趕緊搶救值錢東西時，肯定是來不及了。譬如王熙鳳的陪房丫頭平兒當時正在吃飯，看到下人被衙役拴著進來，才得知抄家的消息，「我聽了幾乎嚇死！正要進房拿要緊的東西，被一夥子人渾推渾趕出來了。」

聽到平兒的報告，一生未嘗經過抄家陣仗的賈府女眷，譬如邢王二夫人，當然是「魂飛天外」，賈母也嚇得「涕淚交流」。王熙鳳的反應最激烈，甚至暈厥過去，「獨見鳳姐先前圓睜兩眼聽著，後來一仰身，便栽倒地下」。

因為王熙鳳背著長輩在外放高利貸，被抄到一堆借據與抵押的房地契，古今中外對於「盤剝重利」都是有罪的，這些違法資產一律沒收入官。「撈錢夫妻檔」賈璉與王熙鳳，「歷年積聚的東西並鳳姐的體己，不下五七萬金，一朝而盡」，王熙鳳等於是「竹籃打水一場空」，當然會急暈過去。

被查抄的家產，會全部沒入官府，包括所有的動產與不動產，「一切動用家伙及榮國賜第一一開列。房地契紙，家人文書，亦俱封裹。」只有甚麼會例外呢？就是可卿要王熙鳳購置的「祭祀產業」。

祭祀產業，是以祭祖為目的而設立的獨立財產，財產產生的租金或收益，專供掃墓、祭祖所用，這些財產是由族裔共同擁有。即使抄家大禍，官府也無法將祭祀產業沒收。

明清抄家制度大同小異，根據《棗林雜俎》的記載，「犯人家產，田地外，內有墳塋，不在抄劄之限」，不在抄劄之限，就是不會被官府沒收。

某些「紅學」的研究者猜測曹雪芹的最後落腳處，也就是北京香山附近的茅屋，可能就是曹家的墳園、祭田、或是未被查抄到的老屋。這也可能是曹雪芹為何會藉由秦可卿的諄諄預警，提醒要為子孫做好萬一時的最後退路。

古代靠祭祀產業，現代靠信託財產

但要如何分辨哪些屬於祭祀產業？在已經佔去大半條街的榮寧二府附近購置祭祀產業，當然不行，所以可卿指示購置的產業要位於祖墳附近。

看到這段指示時，主跑過多年財金線的我，忍不住讚嘆，可卿的財務安排、應該說是曹雪芹的財務安排，既專業且高瞻遠矚，因為已設想到最壞局面，並且針對最壞局面做好財務安排、風險管理，這不是理財智慧，甚麼才是理財智慧？

在《紅樓夢》所處的清代，是用「祭祀產業」來避抄家大禍，現代人雖然不用擔心抄家、財產被沒收，但是仍然會擔心不肖子孫敗光家產，或是欠下巨債，導致財產被查封，到時連退休養老都不保了。

有這種憂慮的人怎麼辦呢？現代的對策是將財產交付信託，不用再到祖墳邊買屋買田。由於交付信託的財產，具備獨立性，也就是獨立於委託人與受託人之外，因此完全不用擔心財產被盜賣，或是債權人上門要求強制執行。

除了不用擔心財產被查封外，可卿交代購置祭祀產業更重要的是第二個目的，「便敗落下來，子孫回家讀書務農，也有個退步，祭祀又可永繼。」因此可卿才交代把家塾遷到祖墳邊，就算家族衰敗，城中產業全部充公，賈氏子孫不致流離失所，仍有祭祀產業可以棲身、可以耕種，更重要的是，子弟學業與祭祀都可以永續。

祭田能讓子孫耕讀兼顧

賈府家塾原本離賈府不遠，第九回，我們看到塾師賈代儒有事返家，眾頑童就大打出手，摔硯台、扔書篋、掄板子、揮鞭子，「也有立在桌上拍著手亂笑，喝著聲兒叫打的」，賈府家塾的讀書風氣令人搖頭。

但是我們也知道，賈府後來就是靠讀書求得功名而再翻身。第一一九回，賈寶玉與姪子賈蘭同榜中舉，皇上看到榜單，才又憶起過世的賈妃一族，與榮寧二公當年功勳，加上「海宴河清，萬民樂業」，聖心大悅，不僅免了賈赦、賈珍罪名，並且恢復賈府的世襲官位。

曹雪芹在《紅樓夢》傳達的人生智慧是，「但存方寸土，留與子孫耕」，而且這塊方寸土，子孫只能用來耕讀，而無法變賣。

雖然盛極而衰不可免，真正經歷過抄家大禍的曹雪芹認為，只要能預做安排，讓子孫耕讀兼顧，可以是退路、也可以是家族振興之路。

文學經典很少如此「入世」，曹雪芹曾經滄海難為水，才能傳達如此深遠的人生智慧與理財智慧，這套財務對策，不僅可以抵禦「黑天鵝」，還能為家族「立萬年永遠之基」。

可惜秦可卿夢中建議的安排，並沒有被執行，王熙鳳其實有放在心上，也趁機提了出來。

本書前一章提到，古董商來跟賈政兜售可以進貢的寶貝，賈政要賈璉將其中兩樣拿進去給賈母等人欣賞，王熙鳳眼看又有白花花的銀子要流出去了，趕緊跟長輩們建議，「我已經想了好些年了，像偺們這種人家，必得置些不動搖的根基纔好：或是祭地，或是義莊，再置些墳屋。往後子孫遇見不得意的事，還是點兒底子，不到一敗塗地。」（第九十二回）

賈母與邢王二夫人聽了雖然認同，但是賈璉反對，認為王熙鳳的建議是「一大堆的喪氣話。」一先生阻擋、長輩們也沒再堅持，王熙鳳無力也無權獨排眾議，秦可卿為賈府安排的最後退路，至此算是斷了。

因此第一零一回，王熙鳳月夜獨行於大觀園中時，秦可卿的魂魄現身怪怨王熙鳳，「嬸娘只管享榮華，受富貴的心盛，把我那年說的『立萬年永遠之基』都付於東洋大海了！」這時離抄家大禍已經不遠了。

先想到最壞局面，再為最壞局面買保險

秦可卿幫子孫留退路的安排，與曹雪芹的理財智慧，雖然被王熙鳳「丟到東洋大海」，但是仍有今人借來一用。

我住在台北，有位鄰居葉先生開了一間影印店，養大了四個兒子。近幾年來，葉老闆假日常往苗栗跑，原來是在苗栗山上買了一塊地，我笑問：「你的開心農場，怎麼買這麼遠啊？」

他說，這塊地不是為自己買的，是為子孫買的。他娓娓道來買地的緣由，是起因於「日本三一一大地震」，引發海嘯、火災、核輻射外洩的複合式災難。

日本發生驚世巨災，電視不斷播放的畫面太震撼，葉老闆聯想到自己的居住環境。臺北盆地是沖積平原，地質原本就不好，又有好幾條斷層經過；附近也有兩座服役中的核電廠（核一、核二），與一座停建的核電廠（核四），甚至還有火山。

葉老闆的四個小孩各自成家，但是都集中住在台北，二〇一一年日本發生三一一大地震，所引發的複合式巨災環境，臺北盆地通通有，只是萬幸沒有碰上而已，他要為子孫設想最壞的局面，以及做好退路安排。

他蒐集資料後決定，要離台北一百公里範圍外找一塊農地，未來就算發生核災、大地震、海嘯、火山爆發等巨禍，只要子孫逃得出去，家族會有一個永久棲身之所，而且還能自給自足，於是他遠赴苗栗山區買下一塊地。

他的財力很強嗎？他的人生其實是從負數開始，因為長輩曾經留下了大筆的債務，奮鬥大半生之後，他說，他不留債、也不留財產給子孫，但是他認為，他有責任幫子孫留一個退路。

葉老闆不是杞人憂天，他跟曹雪芹一樣，都是先想到最壞局面，再為最壞局面買個「保險」，他只是在盡一個大家長的責任。

我不是鼓勵大家效法而跑去買農地，每個家庭擔憂的風險不同，財務對策也不同。只是他的財務安排，確實就像秦可卿所說的，「往後子孫遇見不得意的事，還是點兒底子，不到一敗塗地。」

可卿預見賈府的最壞局面是抄家，葉老闆設想的最壞局面，是巨災在台北重現，我們身為家長，可曾花一點點時間，往自家可能遇到最壞的地方想過？還是像賈璉的反應，只把最壞的可能當成「喪氣話」，連想都不去想？

災難新聞已讀不回，已經閱讀、不予回應

前一章提過，個人人身的最壞局面是病殘老死：重病、重殘、老後無依、早逝，這些都有商業保險可以轉移風險。但是很少有人會再去想，大環境的最壞局面又是甚麼？

聖經《啟示錄》中有所謂「天啟四騎士」，《西方憑甚麼？》一書的作者伊安．摩里士觀察人類大歷史後再加上第五位騎士，這五位騎士分別代表五種災難：飢荒、瘟疫、戰爭、難民與氣候變遷。

「五騎士」與我們其實既遠且近，有稍微關心國際新聞的人都知道，「五騎士」不只是在聖經裡出現，其實一直不斷為禍世間，只是還沒有靠近台灣。

對於這些災難新聞，我們的反應通常是「已讀不回」，已經閱讀、但不予回應。不曾去想一想，這些出現頻率似乎越來越高的災禍，如果自己碰上了，要如何回應。更不要說是，天啟五騎士中還沒有包括的金融海嘯、或是像日本三一一之類的嚴重天災。

理財智慧不只是談賺錢，而是更深層的思考如何守護財產與生命，以及甚麼財產才是「不

動搖的根基」？我們當然無法回應所有災禍，但是至少要對於周遭世界正在發生的災禍，稍微上點心，想一想 What if ？與 What can I do ？

曹雪芹針對抄家禍提出的對策是「祭祀產業」，今人對於災禍的對策更多，一種是風險轉移，也就是買商業保險（包括人身保險與財產保險），用最小的代價，把可能發生的風險轉嫁給保險公司。

一種是風險自留，一旦發生風險，靠自己的儲蓄或投資去因應。明太祖朱元璋打天下時曾經採用的「廣積糧」仍然適用現代，多儲一點糧、多準備一點緊急預備金。

《黑天鵝》一書是提醒世人，如何保護自己免於重大極端風險帶來的傷害。如果有做積極投資，就要能讓投資組合抵抗預料外的大跌，譬如買進「賣權」（亦即當極端事件爆發時，投資組合會受創，但是「賣權」會產生獲利，因此能降低投資組合的損失）。

秦可卿不當喜鵲、當烏鴉，烏鴉啼聲嘶啞淒厲，人性反應當然是掩耳避聽。我們知道，賈府最後能夠「沐皇恩賈家延世澤」，是靠賈寶玉與賈蘭這對叔姪「蟾宮折桂、金榜題名」。但若沒有同榜中舉，賈家是很難重新「沐皇恩、延世澤」了，家運將會繼續衰敗，這時就會知道「烏鴉」秦可卿建議：「於榮時籌畫下將來衰時世業」的重要了。

賈府五代榮華，一場抄家大禍，就能打回原形。一般家庭對於災禍風險的承受力更低，曹雪芹提醒我們，安逸時要先往最壞的地方去想，做好風險管理，才是常保安康之道，這也是我從大觀園裡領受到的理財智慧。

第四章：賈母不教兒孫，驕奢家風惹禍

驕由奢起、禍由奢生，——勤儉家風才能遠罪豐家元旦這一天，最適宜用來寫下新年新願，英國知名作家彼得．梅爾在《關於品味》一書中，曾公布他的新年三願，他的新年三願內容，其實年年都一樣。

第一願是不參加跨年狂歡，第二願是元旦時試穿一條平日不穿的舊長褲，第三願是早餐前絕不喝酒。

最有意思的是第二願，梅爾為何要找出平日不穿的舊長褲？因為他要用這條褲子當作一個標竿，看看自己身材有沒有走樣的標竿。如果褲子穿不下、拉鍊拉不上了，梅爾就會開始少吃點麵包，讓身材逐漸回復原樣。

已進入不逾矩之年的梅爾自豪地說，他的身材從三十歲以來可是一直都沒走樣，還特別抬出他的裁縫師，可以為他作證。

身材就如同家風，稍不節制就會走樣

梅爾新年試穿舊褲子的習慣，其實很有哲學意味，不只可以用來控制身材，還能用同樣的精神來約束家風。因為身材與家風的本質很像，一不節制、都很容易失控走樣，所以要有一個明確的標竿，年年提醒。

從榮寧二公九死一生掙下的家業開始，賈府富貴流傳已歷百年，家風早已由儉入奢。賈府家長顯然沒有在新年試穿一條「舊褲子」的習慣，用某種儀式、物事、家規，來提醒闔族子孫，不可驕奢怠惰，要緬懷祖宗開創維艱。

梅爾的新年儀式是試穿舊褲子，賈府的新年又是怎麼過的呢？在第五十三回，有完整紀錄賈府從臘月到元宵節的過程，特別是從正月初一到十五，年酒、戲酒接連不輟，賈府的新年，總括一句話是，「笙歌聒耳，錦繡盈眸」。

就以初一來說，賈母等人要先進宮朝賀，接著回府祭祖，剩下來的時間，「只和薛姨媽、李嬸娘二人說話，隨便或和寶玉寶釵等姐妹趕圍棋摸牌作戲。」（第五十三回）

只看開年第一天的表現，對賈母等長輩不公平，但是整本《紅樓夢》翻來看去，我真的也沒找到，賈母等長輩們在另外的三百六十四天中，有曾努力地耳提面命，帶頭約束家風。

賈府的家風如何呢？先聽聽外面的評價。家奴周瑞家（周瑞的妻子）把外人對賈府的形容，說給主子王熙鳳聽，「『家裡的奶奶姑娘不用說，就是屋裡使喚的姑娘們，也是一點兒不動的，喝酒下棋，彈琴畫畫，橫豎有人伏侍呢，單管穿羅罩紗；吃的帶的，都是人家不認得的……』」（第八十三回）

所謂「屋裡使喚的姑娘們」，就是譬如寶玉屋裡的襲人、賈母屋裡的鴛鴦等，流傳出去給外人的印象是，這些屋裡使喚的姑娘們也有專人服侍，只要穿羅罩紗，負責陪主子琴棋書畫就好。

封建社會的豪門奴僕也有階級之分，侍女又分貼身與粗使，貼身丫鬟、領頭丫鬟只需服侍主子，粗重雜活則是交給粗使丫鬟，因此「屋裡使喚的姑娘們，也是一點兒不動的」。但是丫鬟眾多，並不僅限於賈府，不能用來論斷賈府家風驕奢。

倒是周瑞家接著傳述的一段歌謠，可以看到賈府家風的影子，「寧國府，榮國府，金銀財寶如糞土。吃不窮，穿不窮，算來總是一場空」。我在第一章曾舉寶玉「要五毛給一塊」的例子，已經看到父親賈政對於錢財之事完全不上心，兒子當然也就不知金銀輕重，再加上賈寶玉一向厭惡文章經濟，當然會視「金銀財寶如糞土」。

但是子孫不知貨幣價值，或是只知綾羅綢緞、飫甘饜肥，倒不會動搖豪門根本，賈府最大的問題是家風敗壞。

驕奢淫逸，抄家禍首

在第四回中就已見端倪，薛姨媽帶著兒子薛蟠、女兒寶釵進京，王夫人當然期待妹妹一家人能住在一起陪伴，姊夫賈政也認為：「姨太太已有了年紀，外甥年輕不知庶務，在外住著，恐怕又要生事。偺們東南角上梨香院那一所十來間房，白空閒著，叫人請了姨太太和姐兒哥兒住了甚好。」

薛蟠擔心搬進賈府，會被嚴謹的姨父賈政所拘束，而且薛家在京裡原本就有房產，薛蟠打算等自家院落打掃完畢後就搬過去。

「誰知自來此間，住了不上一月，賈宅族中凡有的子姪俱已認熟了一半，凡是那些紈袴氣習者，莫不喜與他來往。今日會酒，明日觀花，甚至聚賭嫖娼，無所不至，引誘的薛蟠比當日更壞了十倍。」（第四回）

薛大公子雖然是紈袴子弟，「性情奢侈，終日惟有鬥雞走馬、遊山玩水而已」，但是一住進賈府，竟然被帶得「比當日更壞了十倍」。顯然賈府家風不只驕奢、還早已敗壞，特別是寧府風氣最壞。

壞到甚麼程度呢？唱戲的柳湘蓮想打聽他的婚配對象是甚麼來歷，當從寶玉口中得知，原來就是寧府賈珍的小姨子時，柳湘蓮聽了忍不住跺腳說，「這事不好！斷乎做不得！你們東府裡，除了那兩個石頭獅子乾淨罷了！」（第六十六回）

東府就是寧府，風氣會壞到只有大門口的一對石獅子是清白的，應該跟家中無大人約束有關。因為寧府第三代的賈敬，早已搬到城外道觀，只關心燒丹煉汞能不能成功，任由兒子賈珍聚賭、嫖娼，甚至有與子媳亂倫之嫌，上行下效的結果，造成東府風氣最壞。

賈府被抄家，其中有兩項罪名就是禍起賈珍，「引誘世家子弟賭博」，還有「強占良民之妻為妾，因其不從，凌逼致死」。第二個罪名其實是冤枉了賈珍，應該算到賈璉頭上，而且既未強佔民妻為妾（尤二姐做妾，是你情我願）、也未凌逼致死（尤三姊是被懷疑清白而自刎）。

但不論黑白曲直，若不是賈珍、賈璉這對堂兄弟飽暖思淫慾，御史恐怕也無法捕風捉影。榮府被抄的禍首則是賈赦，罪名是「交通外官，恃強凌弱」。賈赦曾經被賈母數落愛納妾，「官兒也不好生做，成日和小老婆喝酒」。後來又任由逢迎拍馬的官吏，幫他強索百姓的珍藏品，於是才被御史參上一本致罪。

賈政長年外派，無暇嚴管家風

令人好奇的是，在第三十三回，賈政把寶玉往死裡打，可以看到賈政對於不肖子孫的嚴管，為何賈政無法端正兩府的家風呢？

從妹婿林如海（黛玉父親）對賈政的形容，「為人謙恭厚道，大有祖父遺風，非膏粱輕薄之流」（第三回），得知榮寧二府中，人品最端正的長輩應屬賈政。

賈政沒有得到世襲官位，但是因為忠勤任事，頗受朝廷重用，先後當過學差、工部郎中、與糧道，賈府子弟的胡搞瞎搞，幾乎都是在賈政外放任官時出現（賈政在第三十七回就被外派學差，直到第七十一回才回京復命）。

後來又再被派到江西糧道，等到賈政被降職調回京師，聽到種種風聲，把賈珍、賈璉叫來，告誡這二個姪子要諸事謹慎時，已經太遲了。賈政長年外派，能夠約束賈府風氣的長輩也只剩賈母。

但是賈母沒有像梅爾有個新年穿舊褲子的習慣，年年約束子孫，等到抄家之後，才後悔向天祝禱，「必是後輩兒孫驕奢淫佚，暴殄天物，以致闔府抄檢」（第一零六回）。從這段話裡知道，賈母立刻找到賈府引來抄家大禍的病灶：驕奢淫佚。

她也知道，身為大家長，家風敗壞、起於不教兒孫，「現在兒孫監禁，自然凶多吉少，皆由我一人罪孽，不教兒孫，所以至此」（第一零六回）。這時賈母只能祈求用自己剩下的陽壽，換得皇天寬免兒孫之罪，讀來令人不忍。

賈母不教兒孫，晚年面臨巨禍

從服侍過賈府祖上的家奴賴嬤嬤與賈寶玉的一段話中得知，賈府早年家風嚴謹，長輩教子如審賊，賈政年幼時也被狠打過，「當日老爺小時，你爺爺那個打，誰沒看見的？老爺小時，何曾像你這麼天不怕地不怕的？……還有東府裡你珍大哥哥的爺爺，那纔是火上澆油的性子，說聲惱了，什麼兒子，竟是審賊！」

第三十三回，賈政杖責寶玉，雖然是冤枉了他，但是從賴嬤嬤對著寶玉說，「不怕你嫌我：如今老爺不過這麼管你一管，老太太就護在頭裡」，也隱喻賈母沒有嚴管子孫，日後賈赦、賈珍、熙鳳闖下大禍，難怪賈母會後悔「不教兒孫，所以至此」。

其實賈府謹守儒家的長幼有序，對於長上相當尊重，譬如寶玉騎馬若經過父親賈政的書房前，無論賈政是否在書房裡，都必須下馬步行。還有服侍過父母的家奴，「比年輕的主子還有體面」，像是賴嬤嬤在座時，尤氏、鳳姐等就只能站著了。

而且賈母待人寬厚，譬如第二十九回，賈府眾女眷到道觀打醮看戲，一個小道士來不及躲藏，被王熙鳳當場賞了個耳光，賈母特別囑咐不可嚇著這種「小門小戶的孩子」，還交代賈珍要打賞幾個小錢。

但是賈母容易被矇在鼓裡，譬如第八十一回，寶玉心疼堂姊迎春被夫婿虐待，王夫人特別交代寶玉，「你斷斷不許在老太太跟前說起半個字，我知道了，是不依你的」。

第九十五回，寶玉的通靈玉不見了，眾人也是不敢讓賈母知道，直到賈母親自探視，發現愛孫神魂失散，追問之下，王夫人只好據實稟報。

人性一向是報喜不報憂，子孫淫逸、當然更不願意讓賈母知道，但是子孫很多的荒唐行為，賈母其實難辭其咎。姪子賈珍，或許可說不是本房，而且是另住寧府。

但是長子賈赦強取豪奪，孫子賈璉偷情好色，可都是在賈母的眼皮子底下發生的。第一零七回，北靜王轉述皇上意旨，「賈政實係在外任多年，居官尚屬勤慎，免治伊治家不正之罪。」顯然連皇上都知道，賈府治家不正之罪，不應苛責長年在外的賈政，那麼誰還有權、有責，端正家風、教導兒孫呢？當然是抄家禍後跪地求天寬恕的賈母。

李紈寡欲恬淡，不受抄家波及

賈府上下苦嚐驕奢必敗的結果，只有一個子孫能夠八風不動。我們回到第一零五回抄家那一幕劇，就能知道是誰。當時披頭散髮的平兒，哭著進來報告官兵正在抄家，賈母嚇得說不出話來，孫媳婦王熙鳳已經急暈倒地，兩個兒媳婦王夫人與邢夫人也嚇得魂飛天外，滿屋子女眷，「拉這個，扯那個，鬧得翻天覆地」。

等到賈母回過神來，意識到大禍真的臨門，「哭的氣短神昏，躺在炕上，李紈再三寬慰」，子媳、孫媳、還有一屋子女眷中，顯然只有李紈還能保持鎮定，不斷安慰哭到奄奄一息的賈母。

李紈是賈政的長媳，夫婿早逝、李紈守寡多年，雖然「居處於膏粱錦繡之中，竟如槁木死灰一般」，不爭寵、不聚斂，恬淡度日，專心侍親、教子。

抄家大禍後，賈府上下無精打采，只有李紈仍然尋常度日，因此賈母稱讚她，「珠兒媳婦還好，她有的時候是這麼著，沒的時候她也是這麼著，帶著蘭兒靜靜兒的過日子，倒難為她」（第一零八回）。

李紈寡欲，才能免受傾家之禍的影響，從《紅樓夢》裡的兩場白事可以看到對比。一場是秦可卿的喪禮，「寧府大殯浩浩蕩蕩，壓地銀山一般從北而至」，這裡指的是綿延數里、圍上白幃的賈府車轎，多到像是「壓地銀山一般」，凸顯當時的豪奢排場。

另一場是賈母的喪禮，抄家之後、家道衰落，因為子孫無力養車馬、也無力養車夫，很多女眷已經沒有自己的交通工具，都需要向外僱車才能參加送殯儀式。但是李紈這一房絲毫不受影響，車馬人伕都早已備好。

曹雪芹用李紈對照王熙鳳等人，也隱喻驕奢習氣、一點未沾的李紈，不僅能倖免抄家大禍，而且還得享後福。第一一九回，寶玉就跟長嫂李紈預言，「日後蘭哥還有大出息，大嫂子還要帶鳳冠穿霞帔呢」，也就是李紈獨子賈蘭，日後至少當到五品以上的高官，母親李紈也能因此穿上鳳冠霞帔，成為誥命夫人。

一個耳光打醒「德國股神」

前一章是提醒家長職責，在家境安逸時要往最壞的地方去想，做好準備，才是常保安康之道。但這只是確保子孫不至於一敗塗地，家長更重要的職責是，勤儉家風、不讓子孫由儉入奢、由奢生驕，勤儉家風，才能讓家族長治久安、遠罪豐家。

有「德國巴菲特」美譽的安德烈．科斯托蘭尼，幼時在一次家族野餐時，跟褓姆討水喝，只講了一個字：「水」，立刻被父親當場摔了一個耳光，因為小科斯托蘭尼沒有加一個「請」字。

體罰當然有爭議，但是科斯托蘭尼的父親用一個耳光，讓孩子留下深刻的印象。這位既是殷實酒商、又是議員的父親，要孩子切記，不能把別人的服侍視為理所當然，他全力避免子孫由奢生驕，他用即時的機會教育，建立安德烈家族的家訓文化。

但是家長該如何塑造、並且維持勤儉的家庭文化呢？我認為可以跟二位哲人請益。

美國開國先賢班傑明．富蘭克林曾說，「小漏水也能沉大船」，他建議要注意小筆開支。家長帶頭實踐「當花則花、當省則省」的原則，子孫點點滴滴看在眼裡，節儉的家風，就是在平凡日常中而形成。

古羅馬哲學家賽內卡則說過，「窮人，不是擁有的太少，是想要的太多」，家長身教言教子孫學習適度的控制欲望，「萬貫家財三頓飯、千戶房產一張床」，賺到財富、但是不要成為財富的奴隸，家風才不會漸漸走樣。

真富豪看待銅板的反應都一樣

賈府家長就是沒能帶著子孫做到「當省則省，控制欲望」，沒有用一條「舊褲子」約束家風，才眼睜睜的看著子孫由儉入奢、由奢生驕，終於釀成大禍。

只有用舊褲子才能檢視家風嗎？其實用一枚銅板也行。中外有幾位富豪掙得財富的方式不同，但是有趣的是，對待一枚掉在地上的銅板的態度竟然相同。

有一則關於華人首富李嘉誠的故事，某次宴會結束、他站在飯店門口候車，手伸到褲袋裡要掏出手帕，沒想到一枚銅板跟著掉了出來，而且還滾到水溝裡。李嘉誠當場想要自己彎腰去撿，飯店的服務員見狀趕緊代勞，李嘉誠收回這枚銅板後，立刻遞上一張百元港鈔答謝。

另一則是關於華倫．巴菲特與比爾．蓋茲的故事。有一次，這一對忘年之交並肩走在路上，兩人看到地上掉了一枚銅板，也是毫不猶豫的同時要彎腰去撿，最後是誰撿去了這枚銅板，不是重點，重點是兩位世界級富豪看待地上銅板的心態與反應完全相同。

銅板與舊褲子，風馬牛不相及，其實意味相通。擁有萬貫家財，如果仍然珍惜一枚銅板，時時提醒自己是從一枚銅板起家，一枚銅板是一切財富的種子，他的財富價值觀與心性就不會走樣。

還有一位名人，面對一枚銅板的態度也值得一提。曾有「債券天王」之稱的比爾．葛洛斯，他與妻子在街上散步時，夫妻倆也會搶著撿起掉在人行道上的銅板，「因為這枚銅板會帶來好運」。

人來人往，只有你能撿到路上的銅板，確實要靠點運氣。當我們看到銅板而不屑彎腰去撿，不在乎這種小幸運時，其實也意味著，驕奢的心態已經隱然而生。

家長也可以用一枚掉在地上的銅板，測試子孫是視而不見？還是心懷謙卑地彎腰撿起？由此可以看出子孫面對金錢的心態，以及想要維持的勤儉家風，是否已經發生變化。

維持家風，家長有責，因為子孫禍福，全在家長一念之間。抄家之後，賈母曾感慨，「大凡一個人，有也罷，沒也罷，總要受得富貴，耐得貧賤纔好呢」（第一零八回）。但是嚐過富貴滋味，再去忍耐貧賤，賈母辦得到，大多數人是辦不到的。

驕由奢起，禍由奢生

北宋張知白封相後，日子仍然過得跟當地方書記時一樣的簡約，親友勸他，已有外人譏笑他太假掰，應該隨俗一些，過得跟宰相一樣的排場才是。

張知白淡定的回答，他現在領的俸祿，讓全家錦衣玉食，當然輕易就辦得到。但是他接著說出了千古至理名言，「顧人之常情，由儉入奢易，由奢返儉難」，張知白深知，人性要由奢再返儉，太難了。

張知白看得更遠，宰相俸祿豈能常有？就算皇上愛戴，生命豈能常存？一旦發生變故，「家人習奢已久，不能頓儉，必然失所」。當家人奢侈成習後，再要回頭粗茶淡飯，一定會不知所措。

既然知道由奢返儉難，何不一開始就用平常心度日，維持儉約的家風，才是真正的愛家人、愛子孫。

賈母不像宰相張知白看得透、看得遠，早點約束家風，等到一場抄家大禍後，兒子賈赦與姪子賈珍還被發配邊疆效力贖罪，「賈母一隻手拉著賈赦，一隻手拉著賈珍，便大哭起來……滿屋中人看這光景，又一齊大哭起來。」（第一零七回）

賈母是享得富貴、受得貧窮，抄家不是最痛，最痛的應是兒孫滿堂、變成兒孫離散，這一回讀來最讓人鼻酸。賈母也是到了這一回，才慎重告誡眾子孫，「再不可支架子，做空頭」，知道約束家風的重要。

由儉入奢、再由奢生驕，驕由奢起、禍由奢生，這是曹雪芹幫世人上的另一堂珍貴的理財智慧課。

第五章：世襲繼承消磨心志，怠惰毀子孫

——一口黃布袋，是榮寵、也是魔咒

讀《紅樓夢》，像是讀推理小說，很多看似不經意的場景或物件，其實伏脈相連。譬如第二十八回，賈寶玉與蔣玉菡彼此欣賞，進而互贈腰繫的汗巾，寶玉送給蔣玉菡的汗巾，其實是襲人所有，等到第一二零回揭曉，襲人無奈嫁給蔣玉菡，兩條汗巾重聚，襲人才知姻緣前訂，而且是她的主子無意中幫她訂好了。

本書第一章提到，賈府餐桌上，再多一碗也沒有的紅稻米粥，就像是漸掩的烏雲，預兆賈府已經失去富餘，這一章的關鍵道具則是一口黃布袋，這口黃布袋是賈府的榮耀，卻也是賈府的魔咒。

第五十三回，講的是賈府如何過年，因為榮寧二公、寧公居長，賈府宗祠設在寧府，目前族長也是寧府賈珍，賈珍問妻子尤氏：「偺們春祭的恩賞可領了不曾？」，尤氏回答已叫兒子賈蓉去領了。

皇恩難永錫，恩賜難久遠

春祭恩賞，是皇帝老爺賞賜給世襲爵位與官位人家的「年終獎賞」，數額不多，象徵性大於實質性，所以賈珍才會說，「偺們家雖不等這幾兩銀使，多少是皇上天恩。早關了來，給那邊老太太送過去置辦祖宗的供，上領皇上的恩，下則是託祖宗的福。偺們哪怕用一萬銀子供祖宗，到底不如這個有體面，又是『沾恩錫福』……」。

下一幕就是兒子賈蓉捧了一個黃布口袋進來，黃布口袋上面有封條，封條上面寫著「『皇恩永錫』四個大字。那一邊又有禮部祠祭司的印記。一行小字，道是寧國公賈演，榮國公賈法，恩賜永遠春祭賞共二分，淨折銀若干兩，某年月日」。

曹雪芹特別將鏡頭拉近到這口黃布袋子上的封條，實有深意，因為封條上有幾個字很是關鍵，就是「皇恩永錫」、「恩賜永遠」。

黃色是皇室的專用色，黃布口袋就像是皇室賞的「壓歲錢」，放在供桌上祭祖，比堆出再多的金銀財寶都還體面，因為這是賈府的榮耀。但是黃布口袋上的「皇恩永錫」、「恩賜永遠」這幾個小字，卻讓賈府子孫認為可以永久享有這份世襲榮寵，反而成為賈府的魔咒。

而且這個魔咒早已深植到賈府子孫的意識中。中秋夜，賈母領著眾人在大觀園賞月，大家行令作詩，賈寶玉同父異母的弟弟賈環，想要炫耀領賞，也做了一首絕句，做詩的功力雖然有長進，父親賈政看了卻不太高興，因為「詞句中終帶著不樂讀書之意」。（第七十五回）

但是大伯父賈赦看了卻不斷讚好，而且還說：「想來偺們這樣人家，原不必寒窗螢火，只要讀些書，比人略明白些，可以做得官時，就跑不了一個官兒的。何必多費了工夫，反弄出書獃子來」。賈赦不但讚賞姪子賈環的詩風縹緲，而且還藉機暗諷了弟弟賈政讀書讀過頭了，是個「書獃子」。

更重要的是，賈赦接下來對賈環說的這段話，「以後就這樣做去，這世襲的前程就跑不了你襲了。」先撇開世襲的資格不論，爵位如果世襲到下一代，居長的賈寶玉，應該比居次、庶出的賈環更有資格，而且從賈赦的這段話，可以略窺賈府子孫的心態。

賈赦認為賈府子弟根本不必苦讀科舉，靠著世襲就能做官，「何必多費了工夫」。不必努力也能代代繼承的世襲制度，讓子孫開始怠惰，難怪賈府世襲到第三代時，家運就開始走下坡，所以世襲形同魔咒。

而且賈赦篤定「皇恩永錫」，世襲可以永遠延續，因此跟姪兒說，「可以做得官時，就跑不了一個官兒的」。沒想到皇恩可以賞賜，當然也可收回，兩個世襲官位後來都被撤除。

有世襲，借錢不難；撤世襲，借錢免談

根據史家資料，按清代世襲制度，每往下傳一代，官位就要降一級，歲俸也會跟著降。但是世襲身分最大的意義，不是看春秋恩賞、或是歲俸，對賈府來說，最主要意義是可以作為「信用擔保品」。

賈府抄家後，賈政查帳才知道，近年所交地租收入不及祖上一半，開銷卻比祖上多了十倍。歲俸微薄、地租減少，入不敷出怎麼辦？最快的方式是先向裡面「挪移」。

第七十二回，賈璉跟賈母貼身丫鬟鴛鴦訴苦，因為這一筆支出、那一筆開銷，房地租又還沒來得及進來，想在賈母身上打主意，「俗語說的好：『求人不如求己。』說不得姐姐擔個不是，暫且把老太太查不著的金銀傢伙，偷著運出一箱子來，暫押千數兩銀子，支騰過去。不上半月的光景，銀子來了，我就贖了交還，斷不能叫姐姐落不是。」

賈母的私房財寶終究不是金山銀山，向裡挪移不夠使，就得向外支借。向外借錢，需要擔保，最好用的擔保品就是那兩份世襲。

一個家族有兩份世襲，外人衝著這兩份皇室的榮寵，借錢不難；一旦榮寵拿走，借錢免談。抄家後，賈赦與賈珍獲罪，發落到邊疆效力，賈母指示賈政要給他們幾千兩銀子帶身上，才不致受到地頭蛇的刁難。

賈政這時只好道出財務真相，哥哥與姪兒的盤纏，只能把沒被抄走的衣服首飾先拿去變賣，因為現在賈府跟外面是借不到錢了，賈政跟賈母解釋，「若是這兩個世俸不動，外頭還有些挪移；如今無可指稱，誰肯接濟？」（第一零七回）。

皇家給的這兩個擔保品不在了，賈府就甭想再跟外頭「挪移」。換個角度想，賈府如果沒有這兩個世俸，子孫沒法「挪移」，破洞也不會捅這麼大，所以說，世襲與繼承像是魔咒，代代消磨子孫心志。

不靠繼承，成就文豪與股神

美國大文豪馬克·吐溫也曾經體會到繼承遺產的魔咒，他在自傳說過這麼一段話，「出生貧苦是好的，出生富貴也很好，這都不錯。就怕出生寒門而妄想富貴臨頭，沒有親身經歷過的人，是無法想像那種財迷心竅的滋味」。

讓馬克·吐溫財迷心竅的是父親遺留的一大片地，廣達七萬多畝。父親購地時的環境，應該是地方銀行盲目放款，土地投機交易盛行。沒想到也因為銀行系統混亂，政爭激烈，美國後來發生金融危機，父親受到衝擊，一文不名，只好舉家西遷。

馬克·吐溫說，「我真希望我現在擁有這塊地的一兩畝，那我就不必寫這自傳來維生了」。但我們今日慶幸，馬克·吐溫沒能繼承父親的遺產，無福成為維吉尼亞州的大地主，這個世界才得以誕生一位大文豪。

同樣的，大投資家華倫·巴菲特的誕生，也要感謝沒有財產可以等著繼承。巴菲特曾說，「我再也找不到比我父母更好的雙親了，我父母並沒有留給我錢，我也不想要他們留錢給我。」

巴菲特父親不像馬克・吐溫的父親，很早就去買了一大片地，讓子女財迷心竅了很長一段時間才落空，巴菲特小時候就懂得，不要寄望去繼承「未來的資產」（即父母的財產），而是要靠自己去賺現在的資產。

巴菲特從六歲就開始掙錢，祖父開了一間雜貨店，小巴菲特跟祖父批過口香糖與可樂，挨家挨戶去兜售。看過《雪球》這本書的讀者都知道，從幼童到青少年可以賺錢的各種行當，巴菲特當年都親身嘗試過。

到了十五歲時，巴菲特竟然已經攢了兩千美元，要特別提醒，這可是一九四五年啊。沒有土地可以繼承的巴菲特，已經可以拿出其中的一千兩百美元，去買了一塊四十畝的農地，然後把地租給佃農耕種。

十五歲的少年，靠著自己的雙手，已經晉身為地主階級了，這時只是一個中學生的巴菲特，在學校自我介紹時是這麼說的——「我是華倫・巴菲特，來自內布拉斯加，我在中西部有一塊農地。」我們可以想見老師與同學們聽到這段介紹時，臉上那種既驚訝又佩服的神情了。

沒有產業或土地可以等著繼承，反而讓巴菲特從幼童時就積極嘗試各種賺錢的方法，進而有機會體認把金錢變成資本的威力，父親沒有讓他當上一個現成的大地主，但也因此成就了一位大投資家。

金錢最重要的價值是使人獨立，但前提是自己賺來的。如果是繼承來的財富，反而有害子孫獨立。

林則徐只留薄產與名聲

曹雪芹用一口黃布袋，隱喻世襲繼承來的官位或是財富，其實是不勞而獲，會讓子孫漸漸喪失上進的動能，最後反而帶來貧窮，愛之，適足以害之。

有一年，我到澳門旅行，專程去參觀林則徐紀念館，這位令人敬重的清末禁菸大臣，據說留有一副膾炙人口的對聯，「子孫若如我，留錢做什麼？賢而多財，則損其志；子孫不如我，留錢做什麼？愚而多財，益增其過。」

林則徐對子孫繼承財產的態度是，「賢而多財，則損其志；愚而多財，益增其過」，總之，不用費心留財產給子孫，但是林則徐留給子孫更寶貴的無形財產，代代相傳。

可惜我繞了兩圈紀念館，沒找到這副對聯，但也讓我有個理由，日後若去林則徐老家：福州的「林文忠公祠」瞻仰時，可以再來找一找。

不過，我在《清稗類鈔》中讀到這麼一段，「曾文正嘗致其弟忠襄公國荃書云：『聞林文忠三子分家，各得錢六千串，督撫二十年家產如此，真不可及，吾輩當以為法。』」

這一段講的是，曾國藩在寫給弟弟曾國荃的家書中提到，聽說林則徐分家產，三個兒子只有各得銅錢六千串，曾國藩感嘆林則徐當了二十年的封疆大吏，積累家產卻如此微薄，期許自己與弟弟都能效法林則徐。

顯然主張不留財給子孫的林則徐，還是各留了一點薄產給兒子們，閱此不禁感慨，雖然曹雪芹隱喻世襲繼承對於子孫的磨害，但是沒有遺愛，對於完全沒有謀生能力的子女，也會造成傷害。

不留繼承、但是要留基本保障

《紅樓夢》裡有一位父親林如海，撒手人寰時沒留甚麼財產，以致女兒林黛玉無力養病的悲劇，也值得家長深思。

林家也是世祿之家，但是到了林如海這一代，改從科考出頭，曾當到巡鹽御史。娶妻賈敏（賈政胞妹），由於賈敏早逝，外婆賈母擔心黛玉無人依傍，才將黛玉接到賈府照顧。

豈料沒幾年，林如海也病逝了，林如海那一房人丁不盛，黛玉至此只剩外婆家可以倚靠了。黛玉自幼體弱，每到春秋兩季必犯舊疾，寶釵建議每天用一兩上等燕窩熬粥調養，會比吃大夫的藥方來得好。

黛玉無奈地說，「請大夫，熬藥，人參肉桂，已經鬧了個天翻地覆了……況我又不是正經主子，原是無依無靠，投奔了來的，他們已經多嫌著我呢；如今我還不知進退，何苦叫他們咒我？」（第四十五回）

顯然林如海沒留財產，黛玉無力去自費吃燕窩，後來還是家業中原本就有藥鋪的寶釵，送來一大包的燕窩。到了後來，黛玉病情加重，開始咳血，黛玉的貼身丫鬟紫鵑，竟然手頭緊到需要跟掌財政的王熙鳳預支月錢，才能幫黛玉養病。

紫鵑的請求是：「姑娘現在病著，要什麼，自己又不肯要，我打算要問二奶奶那裡支用一兩個月的月錢。如今吃藥，雖是公中的，零用也得幾個錢。」（第八十三回）

從這幾個章回的描述，可以知道，林如海沒留甚麼財產給這個孤女。雖然有外婆賈母的疼愛，黛玉自知是寄人籬下，「在別人身上，凡事終是寸步留心」，所以才會敏感的將很多事物「聲聲入耳、句句上心」，心病與舊疾互相交纏，終於抱憾離世。

從賈府子孫與林黛玉這兩個對照版來看，代代世襲的官位或太多財富，會讓子孫怠惰。但是完全沒給還無法經濟獨立的子孫，一點起碼的保障，也是家長失職。

如果以現代角度來看，來不及存餘產的林如海，至少應該幫子女買死亡險，保障自己萬一早逝時，後代仍有基本的保障。而不是把子女的未來，完全由另一個家族來扛，結果往往就會變成悲劇。

在本書的第三章，曹雪芹藉由秦可卿向王熙鳳的預警，認為家長有職責先設想最壞的局面，針對最壞的局面，為子孫留一個退路。退路，只是一個最低限度的安身，不像世襲或是繼承，會讓子孫怠惰、爭產、甚至互噬。

「皇恩永錫」、「恩賜永遠」，當子孫永遠相信「永遠」二字時，慣性將會逆轉。

從曹雪芹特寫黃布口袋的一小段文字，到榮寧二府同時查抄的大場景，為人父母可看懂鏡頭下傳達的深刻意味了嗎？

第六章：抄家禍打到谷底，善者出頭振家聲

——天道酬勤，善者修緣、惡者悔禍

興、衰、幻、夢，是《紅樓夢》全書主軸，但是這本「天外書」要傳達的不僅止於此，曹雪芹要寫的應不只是「滿紙荒唐言，一把辛酸淚」，否則從賈府的富貴風流，寫到抄家的第一零七回，就可以在交代完興衰無常後收尾。

因為第一零七回是賈府的谷底，不只是家產、奴僕都充公，賈赦、賈珍還被謫放，「不言賈赦等分離悲痛。那些跟去的人，誰是願意的，不免心中抱怨，叫苦連天。正是生離果勝死別，看者比受者更加傷心。好好的一個榮國府，鬧到人嚎鬼哭。」

三代榮寵、五世榮華，結果是一夕破產、子孫離散，賈府至此算是一敗塗地。但是雪芹繼續走筆到第一二零回，預告賈府家道復初，才算功德圓滿。如此的情節安排，顯示《紅樓夢》還有更深一層的含意，就是彰顯天理正道。

曹雪芹問世人，「都云作者癡，誰解其中味？」，我細細品味，前後對照，找出作者想要彰顯的天理正道。這些天理正道，其實與更深層的財富智慧也能相通。

賈赦、賈珍受創最重，隱含因果報應

賈府抄家當天，兩個世襲官職立刻被革除，賈赦、賈珍、賈蓉、賈璉是當場被收押送進官府。賈赦罪名是「交通外官，依勢凌弱，包攬詞訟」，賈珍罪名是「引誘世家子弟賭博……強占良民之妻為妾，因其不從，凌逼致死」，賈璉罪名是「盤剝重利」。

抄家場景雖然是在榮府，但是同時被抄的寧府最慘，因為素日最挺賈府的兩位王爺，當時是坐鎮在榮府，沒人照看的寧府，衙役們當然是卯起來捆人、摔砸。

榮府則是賈赦這一房，被抄個精光，賈赦妻子邢夫人的感受最深，「眾人皆不敢走散，獨邢夫人回至自己那邊，見門全封鎖了，丫頭老婆也鎖在幾間屋裡，無處可走，便放聲大哭起來。」（第一零五回）

房舍被查封，下人奴僕全被充公，先生賈赦與兒子賈璉都被抓走了，媳婦熙鳳病危，出嫁的女兒迎春正在受苦，邢夫人是「現在身無所歸，那裡止得住悲痛？」寧府家風最壞，榮府則是長房賈赦、賈璉父子恣性妄為，所以抄家受創最深的就是這兩支族裔。曹雪芹所安排的情節，其實已有因果報應的意味。

賈府三代男丁入獄，獨賈政倖免

但是更值得深思的是，抄家禍時，賈府有官銜的男丁都入了牢獄，作者卻讓賈政得以倖免。賈政其實也有危機上身，親友來探候時便說起，「如今雖說沒有動你的家，倘或再遇著主上疑心起來，好些不便呢。」（第一零六回）

因為賈政外放糧道時，管不住奴才，親友跟賈政轉述傳言，「只聽得外頭人說你在糧道任上，怎麼叫門上家人要錢。」賈政聽到親友問起，急得對天發誓。

自律嚴謹的賈政，當然不會動歪念，而且別人是當官發財，賈政是當官破財，王夫人就跟姪子賈璉抱怨過，「自從你二叔放了外任，並沒有一個錢拿回來，把家裡的倒掏摸了好些

去了。」（第一零三回）

雖然賈政之前已經因此被御史參上一本，罪名是：「失察屬員，重徵糧米，苛虐百姓」，所以才被連降三級、調職回京，但是若讓皇上再起疑心，賈政也難逃牢獄之災，可是榮寧二府，唯獨賈政全身而退。

《紅樓夢》的解釋是，兩位王爺晉見聖上時，把賈政的「懼怕之心，感激天恩之語」詳實稟報，皇帝聽了甚為憫恤，並且想起過世未久的賈妃，「不忍加罪，著加恩仍在工部員外上行走。所封家產，惟將賈赦的入官，餘俱給還，並傳旨令盡心供職。」（第一零六回）

賈政不但保住烏紗帽，自己這一房被封的家產也獲得發還，後來賈寶玉、賈蘭中舉，皇帝恢復賈府的兩個世職，原先榮府是由大房賈赦世襲的那一份官職，也改由二房賈政繼承。

為何曹雪芹安排賈政最蒙聖恩？因為相較賈赦、賈珍等子孫的驕奢，賈政一向兢兢業業，人品端方、居官勤慎，賈政的最蒙聖恩，其實是昭彰天理，也因為有這股中流砥柱把持住，賈府才能迎來日後的復興。

還有賈政的孫子賈蘭，不僅沒有賈府子孫錦衣紈袴的習氣，在寡母李紈的教誨下，專心攻讀科舉。譬如賈母過世時，賈蘭守靈之餘，還把握片刻溫書，「我這幾天總沒有摸摸書本兒。今兒爺爺叫我家裡睡，我喜歡的很，要理個一兩本書纔好，別等脫了孝再都忘了。」（第一一零回）

守在一旁的眾人不禁誇讚，「好哥兒！怎麼這點年紀，得了空兒就想到書上？不像寶二爺娶了親的人還是那麼孩子氣……」，賈蘭的孜孜不倦，正應了寶玉日後的預言，賈蘭將讓母親「帶鳳冠穿霞帔」，這可是受到皇帝誥封的命婦，才能得享的裝束與榮耀。

抄家禍後，賈政官復原職，並且取代長兄繼承世襲；孫子賈蘭初次應試，就高中舉人。相較也曾遭受抄家禍的曹雪芹，曹府四代榮顯，抄家禍後未能重振，曹雪芹卻安排讓賈府中興。

不只精簡人事，更要整頓人心

我想，曹雪芹要彰顯的是「天道酬勤」，第一個「勤」是賈政與賈蘭的勤勉，第二個「勤」則是勤儉。

賈府榮華百年，離勤儉二字已遠。其實賈府也曾想要由奢返儉、節省開支，先是王熙鳳、後是賈探春。熙鳳推動的結果是招人怨恨，從熙鳳與平兒的談話中就可以知道，「你知道我這幾年生了多少省儉的法子，一家子大約也沒個背地裡不恨我的。」（第五十五回）

因此熙鳳再怎麼「臉酸心硬」，也只能適可而止。三小姐賈探春雖然風風火火的「蠲」（除去）了不少開銷，但畢竟只是熙鳳養病時的職務代理人，出嫁後對賈府家政也無法再置喙了。

因此賈府由儉入奢的習氣，即使經歷抄家大禍，仍然餘孽未除，第一零八回寫道，「近來因被抄以後，諸事運用不來，也是每形拮据。那些房頭上下人等，原是寬裕慣了的，如今較往日十去其七，怎能周到，不免怨言不絕。」

顯然人事大精簡，但是人心並未大改革的話，一場抄家巨變，並無法讓賈府記取教訓。

而且賈府的一本爛帳也尚未清查。清客程日興就建議賈政，「老世翁若要安頓家事，除非傳那些管事的來，派一個心腹人各處去清查清查：該去的去，該留的留；有了虧空，著在經手的身上賠補，這就有了數兒了。」（第一一四回）

但是素來不大理家的賈政，就算想親自查帳，「有的沒的，我還摸不著呢……冊子上的產業，若是實有還好，生怕有名無實了。」

顯然賈府的人心與財政，都需要改革整頓，但是改革整頓，一定要上行下效，由大家長帶頭做起。

賈政送賈母靈柩回金陵後返家，賈赦、賈珍也都獲赦回鄉，當家人齊聚，王夫人等想起寶玉出家，又要開始傷心時，賈政喝住大家說，「這是一定的道理！如今只要我們在外把持家事，你們在內相助，斷不可仍是從前這樣的散漫……」（第一二零回）

這番話，對賈府子孫來說，過去應是馬耳東風，但是此番歷劫團聚，開始修身悔過，應該都能銘記在心。過去賈府上下繞著賈寶玉這塊來自仙界的「靈石」打轉，或是哄著賈母、粉飾太平，現在寶玉出家、賈母過世，賈政擔任大家長的時代來臨。

賈政接著吩咐王夫人，「我們本房的事，裡頭全歸於你，都要按理而行。」我在第一章曾提到賈府一本大爛帳，除了是賈政狀況外，理應扮演賢內助的王夫人也難辭其咎。現在賈政當著眾人再明確吩咐，男主外、女主內，斷不可再像從前一樣的散漫。

理好人心，才能理到真財富

我們看到未來的賈府，王夫人要正式扛起理家大任，而且王夫人有兩位勤儉的媳婦襄助，大媳婦李紈溫厚服人心，二媳婦薛寶釵簡樸寡欲、又懂管理人性、懂經濟，我認為，這才是賈府未來能夠改革成功，能夠家道中興的重要基石。

李紈溫厚，在下人眼中，是個「厚道多恩無罰的人」，從薛姨媽口中，更說出好人出頭的天理，「你看大奶奶，如今蘭哥兒中了舉人，明年成了進士，可不是就做了官了麼？他頭裡的苦也算吃盡的了，如今的甜來，也是他為人的好處。」（第一二零回）

李紈服人心，從賈母過世、賈府籌辦後事，由於抄家後手頭窘緊，沒有賈母當後盾的王熙鳳，根本使喚不動下人，反被眾人怨懟，只有李紈看出熙鳳的苦處。

於是李紈把她這一房的下人喊來，「你們別看著人家的樣兒，也糟蹋起璉二奶奶來……看見那些人張羅不開，就插個手兒，也未為不可。這也是公事，大家都該出力的。」（第一一零回）

再看寶釵的簡樸寡欲，在賈母帶著劉姥姥參觀蘅蕪院時，可以感受得到。「進了房屋，雪洞一般，一色的玩器全無。案上只有一個土定瓶，瓶中供著數枝菊，並兩部書、茶奩、茶杯而已；床上只吊著青紗帳幔，衾褥也十分樸素。」（第四十回）

而且寶釵更勝熙鳳與李紈的是，寶釵懂管理、懂經濟，曹雪芹在第五十六回的標題：「敏探春興利除宿弊，賢寶釵小惠全大體」，已經清楚點出。

這一回講的是寶釵受王夫人託付，協助探春、李紈管理大觀園，探春雖然想出興利除弊的方法，但是寶釵更從人性的角度，用利益心與榮譽心，讓管理園子的眾婆子們心服口服。

因此在最後一回，賈雨村問甄士隱，賈府還能復興嗎？甄士隱道：「福善禍淫，古今定理。現今榮、寧兩府，善者修緣，惡者悔禍，將來蘭桂齊芳，家道復初，也是自然的道理。」

《紅樓夢》的結局，賞善罰惡，讓勤勉的人、勤儉的人，都能出頭。賈府未來當家的是賈政、李紈、寶釵、平兒、賈蘭這些「善者」；退隱毀禍的是賈赦、賈珍、賈璉、賈環等「惡者」，善者修緣、惡者悔禍，賈府才能重建新家風。

有了這個新家風，等到將來「蘭桂齊芳」，也就是賈蘭與賈寶玉遺腹子飛黃騰達時，賈府子孫才不會又重蹈驕奢覆轍。

驕奢、淫逸，讓賈府一敗塗地；勤勉、勤儉，讓賈府再度中興。世人看待理財，只窄化到財富增長，其實理財之道要先理「人」，理好人心、人品，之後理到的財富，才是真財富，家道才能長治久安，這也是我在《紅樓夢》讀到一種很深層的財富智慧。

家道中興，要靠善者修緣、惡者悔禍

而且曹雪芹想得更細膩，榮府長房與二房未分家，只有賈政這一房有一堆的「好人卡」也不行，曹雪芹還安排長房有一位好人也出了頭，才有助於改善榮府整體風氣，這位好人就是平兒，也是賈府上下、心地最寬厚的人物。

話說眾姊妹在大觀園大啖螃蟹宴時，李紈在平兒身上摸到一串鑰匙，李紈這樣說，「有什麼要緊的東西怕人偷了去，這麼帶在身上？我成日家和人說：有個唐僧取經，就有個白馬來馱著他；劉智遠打天下，就有個瓜精來送盔甲；有個鳳丫頭，就有個你。你就是你奶奶

的一把總鑰匙，還要這鑰匙做什麼？」（第三十九回）

王熙鳳掌管榮府財政大權，平兒是王熙鳳的心腹，從李紈的這段話可以知悉，平兒受王熙鳳倚重的程度。但可貴的是，平兒完全不會仗著主子狐假虎威。

譬如當大觀園發生一連串竊盜事故時，熙鳳正臥病在床，平兒憑智慧斷冤案，並且主張，「大事化為小事，小事化為沒事，方是興旺之家。」

賈璉瞞著熙鳳偷娶尤二姐，被熙鳳用計逼到吞金自盡，賈璉跟熙鳳要不到錢去處理後事，平兒偷了一包碎銀子暗助；王熙鳳的身後淒涼，多年積攢全被充公，賈璉無力幫熙鳳張羅後事，也是要靠平兒拿出自己沒被官府抄走的私房錢。

更重要的是，平兒在賈府一團混亂時，勇敢的救了王熙鳳的女兒巧姊。原來賈府的不肖子孫賈環等人，趁著賈政送賈母靈柩返鄉、賈赦、賈珍謫放、賈璉遠赴邊境探父病、賈寶玉、賈蘭應試的空檔，也就是家裡沒大人、也沒男人時，竟然打算把巧姊賣給外藩王爺，去當「使喚的女人」。

幸好平兒在劉姥姥的協助下，仗義陪著巧姊喬裝逃到鄉下，巧姊才得免災難。賈璉感激在心，最後讓平兒扶正，浪蕩子賈璉，經過這番波劫，應該能體悟到，家道不振、人心大壞，連獨生女兒都可能被賣掉。未來有了這個寬厚正派的賢內助，榮府長房自然也會有一番新氣象。

因此賈府家道中興，要先經過抄家、破產，並且徹底改革人心，用現代術語形容，就是進行「結構性的改革」。

結構性的改革最難，因為人性都是想先改變世界，卻不想改變自己。只有退無可退，被逼到牆角、崖邊，改革才能成功。

二十世紀初期，有一位傳奇性的股票期貨投機客傑西李．佛摩，曾經數度大起大落，他曾說過，「世界上沒有甚麼東西，比虧光一切更能教會你不該做甚麼。」賈府子孫也是要等到失去一切後，才會徹底幡悟哪些事情應該做、哪些事情不應該做。

家道復初，不只是靠「蘭桂齊芳」，還要靠善者修緣、惡者悔禍，曹雪芹不只是寫興衰無常，他更想傳達的是天理正道的恆常，以及先理好心、之後才能理好財，這也是我在「假語村言」中解到的真況味。

第七章：大觀園是大錢坑，運用得當生錢母

——探春、寶釵聯手，活化呆資產

大觀園，是專為元妃興建的省親別墅，天上人間、實境幻境。

大觀園就像是一座大舞台，《紅樓夢》如果少了這座舞台，曹雪芹也很難揮灑出如此多采織錦般的情節故事。

大觀園，同時是一座大錢坑，占地三里半，幾十座院落庭閣，賈府財務根基動搖，「鮮花著錦之盛」的大觀園，居功厥偉。

整本《紅樓夢》最有錢味的章回

但有意思的是，曹雪芹也花了大半個章回的篇幅，鉅細靡遺的教導，如果運用得當，大錢坑可以變成自動生財的金雞母，第五十六回，可說是整本《紅樓夢》裡最有錢味、最有理財色彩的一個章回。

在賈府註定要步上盛極而衰的命運之路時，曹雪芹為何要設計這個章回？他有何深意？大觀園雖然只是一座存在於小說裡的「空中樓閣」，而且場景距今二百多年，但是我認為，曹雪芹把呆資產活化的精神，在微利、甚至負利的今日，別具參考價值。

話說榮府原本是由王熙鳳掌管財政，但是熙鳳小產、必須臥床靜養，王夫人改派李紈協助。王夫人也知道長媳仁厚，擔心她罩不住一堆下人，再指派探春共同擔任職務代理人。由於大觀園人口眾多，另外又請外甥女寶釵幫她特別照看大觀園，於是形成《紅樓夢》裡一段很特別的「新人新政」時期。

新政的主角是探春，探春是妾生的（趙姨娘所生），但是王夫人視如己出。精明的王熙鳳，在大姑子、小姑子中，也最敬畏這位庶出的姑娘。我們從探春的一段話，可以知道這位閨閣千金為何會令人敬佩，譬如趙姨娘跑來指責探春「胳臂肘往外彎」時，探春氣得回說，「我但凡是個男人，可以出得去，我早走了，立出一番事業來」（第五十五回）。

相較賈府的爺兒們，大多只在自家產業上打主意，譬如大觀園興建時，賈薔爭取採買戲伶、賈芸包攬園藝、還有賈芹關說取得管理家廟道姑、沙彌的差事，跟這些賈府男丁相較，三小姐雖是女兒身，卻跟男兒一般志在四方，難怪王夫人與王熙鳳會另眼看待。

當探春受命掌權時，就看出她平日對於家計經濟的關心，遠勝過賈府的眾多子孫。令符在手、她先除弊，減除了兩項不必要、或是重疊的開銷。更看出三小姐手段的是興利，因為除弊簡單、興利最難。

探春興利，每年生出四百兩銀

她要在大觀園這個坑錢的地方變出錢來，用現代術語形容，就是要進行「資產活化」。活化要有方法，她早已找到方法，而且是在賈府下人的宅邸裡找到的方法。

賈府有一位大管家賴大，靠著賈府庇蔭、主子恩典，不僅有實力蓋起一座大花園，還能供兒子捐縣官。奴才家裡出了個縣太爺，老爸賴大當然要大擺慶賀酒，榮寧二府多人都受邀去賴府花園飲宴聽戲，但是只有探春在參觀這座園子時注意到「資產活化」的方法。

原來園子物產豐饒，賴大家將自家吃用剩下的都外包出去，一年至少可換回二百兩銀。大觀園規模是賴大家園子的一倍，因此探春估計，如果用賴大家的法子，大觀園應該可以生出四百兩銀的孳息。

探春認為與其包給外人，不如包給自家人，也就是在照顧大觀園的老媽媽中，挑幾個守本分、有園圃經驗的來負責，每年再責成她們上繳一定的錢糧。

大觀園裡可以生出銀兩的經濟作物還真不少，譬如瀟湘館的竹林、稻香村的稻田、蘅蕪院的香料香草、怡紅院的鮮花，同一座園子、不同的運用方法，大觀園從此不只能「大觀」、還能「大用」。

探春從賴大家的園子借來這個點子，但是「徒法不足以自行」，寶釵幫她想得更細膩些，提醒探春要選對人、歸對帳。因為一個好的制度，要能讓眾人得蒙其利，否則這筆新創的財源，可能變成新釀的風波，因為帳房們、沒承包到的媽媽們，都可能因為沾不到光而眼紅阻擋。

寶釵投資，打造自動複利機制

寶釵建議，這些「承包商們」可以從大觀園獲得很大的進帳，但是她們不能只享權利、不盡義務，除了上繳一定的錢糧外，還必須要負責大觀園裡各房的雜項開銷，如此帳房每年將因此省下約四百多兩銀子。

而且有承包到園圃的媽媽們，每年也要提撥一筆經費，讓沒有承包到的老媽子們，也能分享到一些好處。

寶釵的安排真是面面俱到，「外頭賬房裡一年少出四五百銀子，也不覺的很艱嗇了；他們裡頭卻也得些小補；這些沒營生的媽媽們也寬裕了；園子裡花木也可以每年滋長繁盛；就是你們也得了可使之物：這庶幾不失大體。」（第五十六回）

更關鍵的是，寶釵還建議，若能將這些省下來的銀子轉去置產，「一年四百兩，二年八百兩。打租的房子也能多買幾間，薄沙地也可以添幾畝了。」這些房子、田地都可以收租、收糧，起源都是從大觀園而來。

寶釵原本就是皇商後代，更勝王熙鳳的是，她識字、懂得從文章中尋找可以致用的學問，經濟頭腦果然一流。她懂得把錢看成資本，用資本購置資產，如果把資產孳息再拿去投資置產，如此循環不盡的話，大觀園不就變成一個創造財富的自動複利機器了。

天生就是「生意囝仔」的寶釵，懂得管理的精要，對下人誘之以利、喻之以義，目的是讓她們自動自發的管好大觀園，「我如今替你們想出這個額外的進益來，也為的是大家齊心，把這園裡周全得謹謹慎慎的，使那些有權執事的看見這般嚴肅謹慎，且不用他們操心，他們心裡豈不敬服？也不枉替你們籌畫些進益了。你們去細細想想這話。」（第五十六回）

可惜寶釵的理財藍圖只實現了一半，後來賈府沒有把省下來的銀子，按照寶釵的籌畫，拿去買可以打租的房子、或是土地，大觀園自動複利的這套機制，終究沒能運轉起來，但是曹雪芹藉由寶釵之口，透露了有錢人滾大財富的秘密。

等到「三春去後諸芳盡」，元春、迎春過世、探春遠嫁，黛玉含恨身亡，大觀園漸漸人去樓空，甚至不斷傳出妖孽撞邪，一座繁花盛景的人間仙境，竟然變成生人迴避的荒園。

寶二奶奶勝過璉二奶奶

無人敢接近照管，大觀園的孳息全斷，原本可以供給的貼補也跟著告終，各房又回復到從總帳房支領月例的時代，榮府的財務當然更加困窘。

新政成功，大觀園可以是一座每年孳息四百兩銀的「正資產」；人息政廢，大觀園又變成無人願意接手的「負資產」，這是我在大觀園興衰中看到的理財啟示。

另外值得一提的是，李紈、探春、寶釵走馬上任時，下人形容得很妙：「剛剛倒了一個『巡海夜叉』，又添了三個『鎮山太歲』」，「巡海夜叉」指的是王熙鳳，而三個「鎮山太歲」中，最出色的就是寶釵。

曹雪芹用探春的新點子，讓我們見識到寶釵理家的能耐，也埋下賈府家道能夠復興的伏筆。因為後來寶釵嫁給寶玉、熙鳳過世，「寶二奶奶」取代「璉二奶奶」掌理財政。

璉二奶奶雖然精明幹練，但是貪婪聚斂，不得人心；相較寶二奶奶，簡樸寡欲，又懂得除弊、興利、管人、管心，賈府未來有了這位「寶二奶奶」當政，賈府才能迎來財政新氣象。

譬如抄家後，捐不出去、也賣不掉的大觀園，應該可望在寶釵的手中再度活化，因為寶釵比公公賈政更能洞察人性。

第一一五回，清客程日興曾經「點」過賈政（專陪老爺清談的人稱為清客），「那一座大園子，人家是不敢買的，這裡頭的出息也不少，又不派人管了。幾年老世翁不在家，這些人就弄神弄鬼兒的，鬧的一個人不敢到園裡，這都是家人的弊。此時把下人查一查，好的使著，不好的便攆了……這纔是道理。」

程日興雖然講得很白了，可惜賈政連自己的侄兒賈璉都管不了，如何能徹查出家人、下人的弊端？但是當我們看到寶釵在第五十六回，能夠讓大觀園的眾媽媽們心悅誠服，就知道大觀園與榮府的復興，在寶二奶奶身上是有希望的。

坐領無風險報酬將越來越難

大觀園的運用，也讓我想起《聖經》馬太福音中有一段故事，一位多金的主人出外旅行，把財產分交給三個僕人管理，不過，主人是按照僕人的才能，分配委託的金錢。

甲僕領到五千金幣、乙僕領到二千金幣、丙僕領到一千金幣，三個人各自去打理這筆資產。甲乙都把錢拿去投資，而且也都各賺了一個「資本額」，也就是甲又賺了五千金幣，乙也賺了二千金幣，那麼丙呢？

保守的丙僕，選擇最無風險的方法，就是把金幣埋到土裡。但是埋在土裡的種子會長出作物，埋在土裡的金幣可不會長出金幣。

主人旅行返家，三位僕人交出成績單，甲僕與乙僕都受到主人的讚賞，並且被主人再委以重任。但是自認最忠心、守住主人財富的丙僕，卻受到主人的斥責。

因為丙僕只是把錢埋在土裡，沒能幫主人增加財富，表示他在主人離家的期間，完全無所作為，主人認為丙僕辜負了他的託付，在主人眼中，丙只是一個無用且不知感恩的僕人，於是主人把丙僕趕出家門，並且將丙僕保管的一千金幣，分給甲僕與乙僕。

探春像是故事中的「甲乙僕」，可以把大觀園變出新錢；寶釵更勝「甲乙僕」，因為她進一步把新錢變成資產，資產再生出孳息，生生不息、源源不斷。

只知把錢放銀行，等著賺無風險報酬的現代人，越來越像是「丙僕」。因為當存款變成低利、零利、甚至負利時，跟把錢埋在土裡，又有甚麼兩樣？

丙僕犯的錯，不是因為保守，而是不願意學習把資產增值、活化的本領，所以他受到的懲罰是兩手空空、掃地出門。在全球都進入微利、甚至負利時代，理財已經成為必學的求生本領。

如果像丙僕不想學理財本領，不想承擔可以承擔的風險，只想圖那種不花腦筋的無風險報酬，也要小心最後會像丙僕兩手空空。未來無風險報酬恐怕會越來越低，光靠老本利息、或是退休年金過日子，恐怕也會越來越艱難。

《紅樓夢》這本虛實幻真的天書，令人敬畏的地方是，二百多年前的寓意，可以對照現今。曹雪芹刻意穿插的這段新人新政，其實也提醒現代人，要學習探春與寶釵，懂得打理財富，懂得把呆資產活化。

我們雖然沒有一座大觀園可以拿來活化，但是我們多多少少都擁有一些不同的資產。而且也不是只能靠種種作物這種老方法，才能賺到收益。探春能夠找到賈府沒注意到的活化法子，靠的是她素日的關心與觀察，我們需要的就是這種精神。

每個時代有每個時代的資產活化方法，可貴的是，目前的網路時代，提供以往無法想像的多種可能。譬如閒置的房間，可以透過像是Airbnb這種網路平台，變成廣納世界各地旅人的日租房，如果管理得當，還可能創造比月租更高的收益。

譬如閒置的車子，如果能夠克服法令問題，可以透過像是Uber平台，還能帶進過去賺不到的收益。等到自動駕駛車更安全、更普及時，車主甚至不用出人、只要出車，也能賺到閒置車子創造的收益。

房子、車子之外，譬如優質穩健的股票、配息基金，如果懂得用合理價格買進，每年都能領到孳息，彙總這些資產的孳息，等到景氣谷底，學習寶釵把錢再轉去買進便宜的資產，資產又能再帶來孳息。

而且大觀園從大錢坑變金雞母，又從正資產變成負資產，也讓我們思考，甚麼才是資產？

如果用活化的角度來看資產，不能活化、沒有孳息、無法創造收入、無法轉手變現，或是可以轉手、但是會嚴重貶值的，都不能算作資產。資產是用真金白銀去換來的，未來如果無法再創造出新的真金白銀，就不能把它看成資產，只能當成消費品、消耗品，花大錢購置前就得三思了。

曹雪芹在大觀園裡，幫我們又上了一堂寶貴的理財課。

第八章：賈母義散私房財，提供家族最後防線

——父母分產要靠智慧，子孫才能承受庇蔭恩典

「韓流」襲捲全球，很難想像這個國家曾經瀕臨破產。

一九九七年從泰國掀起的亞洲金融風暴，到年底時已經蔓延到韓國，韓國耗盡外匯儲備，全力護盤韓圜與援救銀行。

但是一個國家，沒有外匯、國際就失去信心，連帶影響國際貿易，據聞當時外國貨輪開到釜山港，還沒卸貨就掉頭開走，因為擔心韓國沒有外匯、付不出貨款，擔心收到的韓圜繼續重貶。

賈母神救援，守住賈府最後尊嚴

這時只有「終極貨幣」的黃金才能被國際接受，新就任的總統金大中不得不發起「全民獻金運動」。民間熱烈響應，記得當時在電視上看到，一個個老奶奶們抱著共赴國難的心情，流淚捐出金飾的鏡頭。

但是民間獻金對於國家財政大洞，仍然是杯水車薪，最後還是靠IMF（國際貨幣基金）伸出援手。IMF的援助不是白拿，幾乎是要交出一國的財政主權，這對於民族自尊心強烈的韓國來說，形同國恥。

賈府山窮水盡時，仍然能維持住家族一定的尊嚴，因為有一位關鍵人物適時伸出援手，帶領子孫度過難關，她，就是賈母。

賈母傾其體己（私房財產），讓子孫獲得及時雨。賈母嫁進賈家六十多載，積攢的財產當然是金玉滿匱。譬如第七十一回，描述賈母八十大壽，賈母是誥命夫人，又是元妃的祖母，皇室與元妃都有賞賜，外界賀禮更是不斷。

「自七月上旬，送壽禮者便絡繹不絕。禮部奉旨：欽賜金玉如意一柄，彩緞四端，金玉杯各四件，帑銀五百兩。元春又命太監送出金壽星一尊，沉香拐一枝，伽楠珠一串，福壽香一盒，金錠一對，銀錠四對，彩緞十二疋，玉杯四隻。餘者，自親王駙馬以及大小文武官員家，凡所來往者，莫不有禮，不能勝記。」

賈母娘家姓史，就是民間歌謠傳頌的「阿房宮，三百里，住不下金陵一個史」，當時娘家還未衰頹，賈母從娘家帶來的陪嫁品，加上多年累積下來的金玉財寶，賈母房中堆到頂的一個個大木箱，開箱隨便取出都是奇珍逸品。

抄家之前，賈母房中的一箱箱珍寶，其實已經被孫子賈璉偷著典當。顯然子孫不成材，第一個歪念頭，就會動到自己的長輩身上。還好官府查抄未波及到賈母，賈母才能在關鍵時刻發揮備援之功。

賈母雨露，澤被榮寧二府

抄家大禍，寧國府最慘，「府第入官，所有財產房地等項並家奴等俱已造冊收盡。」（第一零六回）。寧府所有的動產、不動產、奴僕全部充公，一夕變窮、兩手空空。榮國府賈赦、賈璉這一支，也是同樣下場。

等到賈赦、賈珍獲判流放外地，不知道財政早已破了大洞的賈母，擔心兒子、姪子手上若沒帶兩個錢，肯定會被當地官員欺凌，特別囑咐次子賈政從公庫撥出幾千兩銀子作為盤纏。

已經仔細看過帳本的賈政，這時不得不跟賈母稟明財務真相，「昨日兒子已查了：舊庫的銀子早已虛空，不但用盡，外頭還有虧空。現今大哥這件事，若不花銀託人，雖說主上寬恩，只怕他們爺兒兩個也不大好，就是這項銀子尚無打算。東省的地畝，早已寅年吃了卯年的租兒了，一時也弄不過來，只好盡所有蒙聖恩，沒有動的衣服首飾折變了，給大哥和珍兒作盤費罷了。過日的事只可再打算。」（第一零六回）

看看這個曾經被形容是「白玉為堂金做馬」的賈府，竟然困窘到要變賣首飾衣服，才能籌出盤纏的田地。賈母急得直淌淚，毅然決定出手挽救賈府亂局。

賈母把眾子孫叫到房中，要兩個兒媳與鴛鴦開箱倒櫃，拿出嫁到賈府六十多年來積攢的財寶，於是賈赦、賈珍遠行的盤纏有了著落；尤氏、熙鳳、寶玉、李紈分到若干財產；外面的欠款、黛玉靈柩回鄉的花用，也都是靠賈母的體己。

按理賈母雖是賈府大家長，但是榮寧二府其實財務各自獨立，賈珍流放、尤氏等親眷被掃地出門，賈母立刻接到榮府安住，其實已經盡到親族接濟之義了。

現在賈母分產，另一房的姪孫賈珍、姪孫媳尤氏，也能分到賈母恩典，所以曹雪芹的讚佩，在這一章回的名稱：「散餘資賈母明大義」，已經表露無遺。

幸好賈母灑下這道及時雨，落難之路、子孫才能走得下去。想一想，賈府子孫以往過手銀兩何止十數萬，現在卻要靠賈母散盡手邊的現銀，因此賈政眾子孫都跪下哭道，「老太太這麼大年紀，兒孫們沒點孝順，承受老祖宗這樣恩典，叫兒孫們更無地自容了！」

賈母聚富為公，熙鳳斂財為己

賈母一生聚富為公，相較王熙鳳一生斂財為己，熙鳳過去趁著幫榮府掌管財政之便，把眾人的月錢偷挪出去放高利貸。第三十九回，襲人問熙鳳的大丫鬟平兒，為什麼「發薪日」已過了，錢還沒下來？

平兒趕緊壓低聲音說：「這個月的月錢，我們奶奶早已支了，放給人使呢。等別處利錢收了來，湊齊了纔放呢。因為是你，我纔告訴你，可不許告訴一個人去！」

王熙鳳是因為榮府支空架、寅吃卯糧，想用公款放帳賺利息，好貼補公帳嗎？我們從接下來平兒的這段話找答案：「她這幾年，只拿著這一項銀子翻出有幾百來了。她的公費月例又使不著，十兩八兩，零碎攢了，又放出去，單她這體己利錢，一年不到上千的銀子呢！」

原來王熙鳳拿著公款當金主，賺來的利錢除了部分貼補家用，主要是作為「體己」，也就是賺自己的私房錢。王熙鳳是王夫人的姪女，她們倆出身的王家，也是家世顯赫，所謂「東海缺少白玉床，龍王來請金陵王」，就是形容熙鳳的娘家。

熙鳳是大家之後，光是自己的妝奩，應該是車載斗量、不可勝數，因此她曾跟先生賈璉嗆聲過，「我們看著你家什麼石崇鄧通？把我王家的縫子掃一掃，就夠你們一輩子過的了。說出來的話也不害臊！現有對證：把太太和我的嫁粧細看看，比一比，我們那一樣是配不上你們的？」（第七十二回）

石崇與鄧通都是古代的富豪，用來形容擁有財富的程度，王熙鳳嗆賈璉，她的娘家、她帶來的嫁妝，都不輸賈家的身家，顯然王熙鳳並不缺錢，而是太貪錢，沒個足厭。

再加上抓到下人錯處時，動不動就是幾十個板子、趕出府去。難怪下人興兒（賈璉的心腹家奴）會形容熙鳳是「只一味哄著老太太、太太兩個人喜歡……如今合家大小，除了老太太、太太兩個，沒有不恨他的，只不過面子情兒怕他。」（第六十五回）

熙鳳的貪與狠，下場是一心聚斂的財產全被查禁，而且聰明算盡機關，卻算不到自己的福壽太短，身後連獨生女巧兒，都差點遭到賣身之禍。

對照賈母在家族面臨危急存亡的關頭，明快的散盡一生財富，讓子孫得到庇蔭，樹立了女性理財的典範。

先生扛負現在式，妻子負責未來式

自古女性似乎比男性更熱衷存私房錢，用人類學的角度解釋，應該是幾百萬年來的天性使然。從遠古人類「露西」開始，體強的男人（猿），外出打獵；體弱的女人（猿），守著洞窟儲糧，雖是最原始、也最天經地義的任務分配，但是守在洞窟的女人（猿），心中總是不踏實。

由於女性天生缺乏安全感，於是部分女性婚後，不是想要先生交出薪水袋，把房子登記自己的名下，就是積極的存私房錢，「你的就是我的，我的還是我的」的心態，是不少夫妻為錢爭執的導火線。

過去跑線採訪時，接觸不少理財診斷的案例，發現不少家庭面臨的其實不是財務問題，而是夫妻互信與分工的問題。很多現代夫妻是各理各的財，先生薪水袋雖然沒有交給太太，但是扛起大部分的家用，先生已經所剩無幾。

妻子雖然能將大部分薪水留在身邊，但是雙方沒有量化未來的目標，沒有規劃預算，財務也不透明，夫妻對未來、對彼此，都有很深的不安全感。

如果雙薪夫妻，是由先生負責大筆開銷，太太能夠積攢餘款時，應該要像賈母一樣，不是為一己之私，而是慎守財產，扮演家庭的最後一道財務防線。

並且可以用接力的方式思考，分配雙薪夫妻的任務，先生負責「現在式」，薪水支付現在的主要開銷；妻子負責「未來式」，薪水守下來作為兩人老後的退休資產。

因為男性收入多半勝過女性，所以由男性扛負大半家用；女性缺少安全感，收入存在身邊，但是要為家庭長遠目標做規劃，特別是退休金，或是緊急預備金。

曹雪芹用賈母為公、熙鳳為私的對照，寫出他對於私房體己的財富智慧，值得後人省思。

父母分產更需要金錢智慧

同時在「明大義賈母散餘資」這個章回，我還看到其中隱藴的分產智慧。就如曹雪芹寫的，「賈母素來本不大喜歡賈赦，那邊東府賈珍究竟隔了一層」，即使如此，賈母仍然分給落難的賈赦、賈珍各三千兩銀。

熙鳳放高利貸惹禍，最後被抄得精光，但是看在掌家「操了一輩子的心」的份上，賈母也給了這個孫媳婦三千兩銀。

賈政家產未被查抄，還有一份差事在身，因此賈母沒有分給賈政，但是讓賈政這一房的寶玉夫妻倆獲得幾千銀兩，李紈母子倆也能獲得分配。而且賈府在外的欠款，賈母囑咐賈政把金子拿去變賣還賬，等於是代替當家的賈政清掉一屁股債。

賈母分產時還特別對賈政強調，「你也是我的兒子，我並不偏向」，這話其實也是在對長子賈赦說。回溯到第七十五回，賈府中秋夜團聚賞月，賈赦講了一個笑話。

「一家子一個兒子最孝順，偏生母親病了，各處求醫不得，便請了一個針灸的婆子來。這婆子原不知道脈理，只說是心火，一針就好了。這兒子慌了，便問：『心見鐵就死，如何針得？』婆子道：『不用針心，只針肋條就是了。』兒子道：『肋條離心遠著呢，怎麼就好了呢？』婆子道：『不妨事。你不知天下作父母的，偏心的多著呢！』」

賈赦有意無意用這則笑話，暗示賈母偏心，但是經過這次的分產，給家族闖了大禍的賈赦，以及沒有善盡監督財政的賈政，最後都要靠老母親來收拾爛攤，應該是悔愧都來不及了，不會再有母親偏心的心結。

分產，是最需要人生智慧與理財智慧，很多子孫會因為父母分產時的私心、偏心，而埋下鬩牆禍秧。但是賈母的明斷分產、細膩考量，第二代的賈赦、賈政、賈珍，第三代的賈璉、李紈、寶玉，都是銘感恩典。

賈母分產的睿智，也讓我想起莎士比亞所寫的《李爾王》。年邁昏聵的不列顛國王，是按三個女兒誰的嘴巴最甜、誰最會哄自己開心，來決定分產的比例。結果很會講奉承話的大女兒、二女兒，分走他全部的權柄、國土、稅收，講真話的小女兒，卻全部落空。

小女兒後來遠嫁法蘭西王國，大女兒、二女兒很快就露出真面目，李爾王只用耳朵、不用智慧，錯誤分產付出的代價是孑然一身，頭上戴著用野草、蕁麻編成的王冠，發瘋流落荒野。

老人的財產，可以庇蔭子孫，留下家族一線生機；也可以腐化、分化子孫，啟動家族的自毀程式，全在於是否有發揮人生智慧、財富智慧，這是曹雪芹傳授的另一堂課。

第九章：賈府濟貧留後路，劉姥姥才是真富貴

——理財是贏在終點，不是半路風光

《紅樓夢》裡有兩位老人家的戲份很重，一位是賈母，一百二十個章回，賈母出場的章回至少占了一半，因為她是賈府的大家長，很多場戲若缺了賈母，是演不下去的。

另一位是劉姥姥，雖然只登場了八個章回，遠遠不能和賈母相比，但是她數度進出榮國府，都是在賈府的關鍵時刻，曹雪芹在這位老大娘身上，用了很重的筆墨，寓意深遠。

在第六回，第一次介紹劉姥姥登場時就有伏筆，「且說榮府中合算起來，從上至下也有三百餘口人，一天也有一、二十件事，竟如亂麻一般，沒個頭緒可作綱領。正思從哪一件事、哪一個人寫起方妙？恰好忽從千里之外、芥豆之微的小小一個人家，因與榮府略有些瓜葛，這日正往榮府中來」。

我們知道《紅樓夢》全書主軸是興衰無常，但是安排誰來扮演這個「眼看他起朱樓、宴賓客；眼看他樓塌了，子孫散」的角色呢？答案就是「千里之外、芥豆之微」的劉姥姥，被曹雪芹牽來作為看盡賈府興衰榮辱的關鍵「綱領」。

劉姥姥一進榮國府，挑明了，是幫女婿來喊窮告幫的。女婿家與王夫人娘家，多代之前曾有「連宗關係」，連宗、就是同姓卻以親戚相稱，有親戚名而無親戚實，到了劉姥姥的女婿這一代，與王夫人的娘家或是賈府，都早已不相往來。

何況劉姥姥與女婿還是姻親關係，跟王夫人更是八竿子都搆不著了，但是因為女婿一家子收成不好、年關難過，劉姥姥只好自告奮勇，捨著老臉進城去求見王夫人。

王夫人沒見著，只見著了當家的王熙鳳，王熙鳳雖然端著架子，還是拔了根「寒毛」比腰壯，贈銀二十兩，劉姥姥第一次出任務，成功。

劉姥姥一進榮國府時是「空手到」，因為田地歉收，兩手空空。二進榮國府時，田地豐收，這位老人家扛了一大袋的「伴手禮」，這些地裡現採收下來的棗兒、倭瓜、野菜什麼的，不僅投合吃膩珍饈的賈府的胃，更重要的是，劉姥姥、劉親家也投合了大家長賈母的緣。

劉姥姥被賈母留飯且留宿，甚至被邀請參觀大觀園。世人即使未讀《紅樓夢》，也都熟知「劉姥姥逛大觀園」這句俚語，賈母如果沒有帶著劉姥姥逛大觀園，大觀園再怎麼風光如畫，也是關起門來孤芳自賞。

同一座大觀園，政老爺來逛，就是平鋪直敘；劉姥姥來逛，卻是妙趣橫生。譬如怡紅院裡有一架玻璃鏡，裡面設有機關，第十七回賈政來到鏡前，就只是淡定的轉過鏡去。但是到了第四十一回，劉姥姥跟鏡裡戴著滿頭花的婆子「兩個對鬧著」的那一段，相信二百多年來，已經令無數讀者捧腹不已。

劉姥姥逛大觀園，不僅大開眼界、大飽口福，我們也跟著她全景看盡了黛玉的瀟湘館、探春的秋爽齋、寶釵的蘅蕪院、寶玉的怡紅院，甚至連最孤傲潔癖的妙玉的攏翠庵，都開了山門迎客，讓讀者見識到妙玉對好茶好水的講究，這些都在三十九到四十一回有精彩的敘述。

這一趟劉姥姥真是大豐收了，來時扛了一口袋的瓜果菜蔬，回去時得要兩個小廝駕著馬車，才能把賈府的一大堆贈禮載回家，這時的賈府家運如日中天。

第一一三回，劉姥姥三進榮國府時，元妃過世、賈府抄家、賈母也已壽終。我們從劉姥姥的眼中，看到兩個對照場景，讀來最是唏噓，第一個對照是王熙鳳。

劉姥姥三進榮國府，鳳姐正臥病在床，苦於被邪魔冤魂纏身。回想劉姥姥一進榮國府時，初見到的王熙鳳，被一、二十個婦人簇擁，一身的貴婦皮草行頭，「粉光脂豔，端端正正坐在那裡，手內拿著小銅火箸兒撥手爐內的灰」（第六回），當時的神采架式，還讓劉姥姥慌得在地下拜了幾拜，但是現在劉姥姥眼中的鳳姐已是「骨瘦如柴，神情恍惚」。

第二個對照場景是榮府的前後門。劉姥姥一進榮國府時，「到了榮府大門前石獅子旁邊，只見滿門口的轎馬」，當時劉姥姥還不敢直奔大門，而是先溜到角門想找人打聽。但是三進榮府時，「一徑來到後門，見是門神都糊了，我這一嚇又不小」劉姥姥眼中的榮國府，從當年滿門口的軒車怒馬，到現在連象徵守護全宅的門神都糊了，清楚看出賈府的家運衰敗。

第一一九回，劉姥姥四進榮國府，上演了一齣「神救援」的戲碼。原來是賈府幾位不肖子孫與外戚，趁著家裡一個男人都沒有時（賈赦、賈珍流放，賈政、賈蓉送賈母等靈柩返鄉，賈璉探父病，賈寶玉、賈蘭赴科考），哄騙巧姐的祖母邢夫人，說有外藩王爺相中巧姐要娶作為妻，真相是外藩不過要買幾個使喚的女人罷了。

眼看外籓就要派人來接了，獲悉真相的巧姐、平兒、王夫人哭成一團，這時劉姥姥彷彿從天而降，獻策將巧姐扮成自己的外孫女。因為巧姐與自己的外孫女青兒年齡相當，劉姥姥三進榮國府時，也曾帶著青兒與巧姐玩在一起，於是劉姥姥用一駕馬車，把巧姐與平兒都救回鄉下藏起來，這才讓巧姐躲過一劫。

劉姥姥進榮國府，前兩趟是受饋、後兩趟是報恩，藉著劉姥姥的眼睛，除了讓我們看盡賈府由極盛到落敗之外，曹雪芹在這位鄉巴佬身上，其實還伏埋了很多的人生智慧、理財智慧。

史太君開高走低，劉姥姥贏在人生終點

先從賈母說起，劉姥姥眼中的賈母，就是一個好命的老太太，「劉姥姥進去，只見滿屋裡珠圍翠繞，花枝招展的，並不知都係何人。只見一張榻上獨歪著一位老婆婆，身後坐著一個紗羅裹的美人一般的一個丫鬟在那裡搥腿，鳳姐兒站著正說笑。劉姥姥便知是賈母了，忙上來陪著笑，拜了幾拜，口裡說：『請老壽星安。』」（第三十九回）

賈母在眾人口中被稱為「老祖宗」、「老壽星」，其實賈母還比劉姥姥小了好幾歲。這時的賈母是眾子孫承歡膝下，躺著享清福，而劉姥姥還在為錢奔波傷神。

但是賈母後來親見抄家，受到很大的驚嚇，下面都是抄家後賈母的反應「賈母嚇得涕淚交流，連話也說不出來」、「老太太嚇壞了，也回不過氣來，更是著急。」、「老太太也甦醒了，又哭的氣短神昏，躺在炕上」、「賈母奄奄一息的，微開雙目，說：「我的兒，不想還見的著你！」一聲未了，便嚎啕的哭起來。」、「賈母驚嚇氣逆，王夫人鴛鴦等喚醒回來，即用疏氣安神的丸藥服了，漸漸的好些，只是傷心落淚。」

從賈府被抄家開始，很多關於賈母被嚇哭、嚇傻、嚇昏的場景，想想已經八十多歲的老人，承受這種精神折磨，最後還要散盡一生積蓄，為子孫還債；用自己僅剩的陽壽，為子孫消災。

第一零六回「賈太君禱天消禍患」，讀來最是令人鼻酸不忍，賈母跪地磕頭，含淚祝告天地，「『我今叩求皇天保佑，在監的逢凶化吉，有病的早早安身。總有闔家罪孽，情願一人承當，求饒恕兒孫。若皇天憐念我虔誠，早早賜我一死，寬免兒孫之罪！』默默說到此處，不禁傷心，嗚嗚咽咽的哭泣起來。」

賈母一生榮華，但是晚年遭受大禍，運途開高走低，相較劉姥姥卻是開低走高。

曹雪芹形容劉姥姥「乃是個久經世代的老寡婦」、「雖是個村野人，卻生來的有些見識。況且年紀老了，世情上經歷過的」，劉姥姥其實是一個很有人生智慧的老人。

她二進榮國府時，臨場亂編一些村野怪談，隨手胡謅幾個老太太、太太、哥兒姐兒都愛聽的故事，一頭白髮插滿鮮花，耍寶取樂大家，她被作弄、一點兒都不惱，因為她知道這一切都是為了賈母，劉姥姥說：「偺們哄著老太太開個心兒，有什麼惱的？」

劉姥姥為賈府帶來毫不造作的歡樂氣氛，過去何曾看過這一屋子端著的貴夫人、貴小姐們，笑岔了氣、噴出了茶、滿地彎腰揉腸子的。最經典的一幕是，劉姥姥拿著沉甸甸的「老年四楞象牙鑲金筷子」，滿碗追著鴿子蛋，有錢人就愛看這種鄉民的傻拙樣，劉姥姥配合演出。

劉姥姥的「單人秀」，換到了一堆高級布料、上等糧米吃食，更重要的是，她獲贈一百多兩的現銀。她把做秀酬勞變成資本，幫女婿家買地挖井，「種些菜蔬瓜果，一年賣的錢也不少，儘夠他們嚼吃的了」。

劉姥姥從此不用再靠老臉打秋風，女婿可以自食其力、完全脫貧，劉姥姥也可以安享晚年。跟賈母晚年備受驚嚇，自愧無顏地下見列祖列宗相較，相信世人寧願是劉姥姥，也不希望自己是史太君。

一生理財，其實就像是跑馬拉松，最後是要贏在終點，樂在終點，而不是半路風光。所謂「人生莫受老來貧」，曹雪芹藉由這兩位老人的對照，也讓世人省思，曾經擁有滿屋箱櫃財寶的賈母，與晚年擁有幾畝地、一口井的劉姥姥，哪一種的人生結局，才是真幸福。

劉姥姥曾說，「這『長安』城中，遍地皆是錢，只可惜沒人會去拿罷了」。她只扛了一口袋瓜果菜蔬，加上久經人情世故累積下來的智慧，去賈府掙到了錢、換得了田，真正是本低利厚，因此享受恬靜的晚年，劉姥姥才是贏在人生終點。

心中無缺是富，被人需要是貴

賈母一生富貴，但是晚年抱憾而終。也讓我們深思，甚麼是富貴？國學大師南懷瑾曾為「富貴」二字下過這樣的定義：「心中無缺叫富，被人需要叫貴」。

劉姥姥原本就是「老老實實守著多大碗兒、吃多大飯的村莊人家兒」，後來進榮國府幫女婿掙得可以孳息的資產，一年下來的田地收成，「儘夠他們嚼吃了……在我們村裡也算是過得了」，顯然此時的劉姥姥，真正是心中無缺謂之「富」了。

劉姥姥三進榮國府時，成了王熙鳳的大貴人。鳳姐被邪魔纏身，賈璉、巧姐、平兒等人都不知如何是好，幸好劉姥姥正在身邊，「劉老老也急忙走到炕前，嘴裡念佛，搗了些鬼，果然鳳姐好些。」

熙鳳請劉姥姥回鄉幫她在菩薩面前禱告，甚至請劉姥姥幫她在鄉屯裡為巧姐找個好人家。過去如此風發意氣的鳳姐，竟然向劉姥姥求救了，「姥姥，我的命交給你了！我的巧姐兒也是千災百病的，也交給你了！」

劉姥姥被鳳姐託命且託孤，雖然最後救不了命數該終的王熙鳳，但是救了她的獨生女巧姐，劉姥姥顯然符合被人需要謂之「貴」了，劉姥姥才是賈府的大貴人。

賈母的一生富貴如雲煙，但是劉姥姥的晚年富貴令人羨，我在這兩位老人家的身上，看出曹雪芹要傳達的富貴意涵了。

一餐螃蟹宴　莊家人吃一年

劉姥姥二進榮國府時，陪著賈母吃了好幾頓大餐，對於富人飲饌的奢華，算是開了眼，譬如劉姥姥嚐了一道「茄鯗」，完全吃不出是茄子了。因為光這道菜，就要用上好幾隻全雞去煨，讓劉姥姥聽了搖頭吐舌說，「我的佛祖！倒得多少隻雞配他，怪道這個味兒！」（第四十一回）

更值得玩味的是詠菊花詩時的螃蟹宴，劉姥姥雖然沒趕上這頓大餐，但是聽到這些主子、哥姐們，一餐就吃掉三大簍、整整七、八十斤的螃蟹，劉姥姥立刻心裡飛快的打算盤，「這樣螃蟹，今年就值五分一斤。十斤五錢。五五二兩五，三五一十五，再搭上酒菜，一共倒

有二十多兩銀子！阿彌陀佛！這一頓的銀子，夠我們莊家人過一年了！」（第三十九回）

曹雪芹已經花了好多筆墨，描寫劉姥姥眼中看到的富貴昇平，為何在進大觀園之前，先讓劉姥姥來這麼一個比價橋段，我認為，曹雪芹是藉著這位村姥姥傳達一些金錢智慧。

二十兩銀子，可以大啖一頓螃蟹，也可以讓莊稼人過上一年，前者是口腹之慾，後者是生存必需、生活必需。

現代人雖然不至於用一年的生活費，去換一頓珍饈美饌，但是也經常在「必要」與「想要」之間，猶豫、掙扎、交戰。

劉姥姥教我們把「想要」換算成可以換回多少的「必要」，再去細想，為「想要」付出的代價，到底值不值得？學學劉姥姥用「比較代價法」，或許有助於面對現代過度興盛的消費主義了。

榮國府點滴之恩　劉姥姥湧泉以報

賈府大靠山元妃還在世時，真所謂「富在深山有遠親」，多少人要與賈府相與，第七十一回，描述賈母八十大壽時，需要費時數日，榮寧二府都要大開宴席，才能應付得了各路皇親國戚、閣府督鎮、遠近親友及堂客。

但是等到元妃薨逝，賈府抄家，立刻感受到「窮在路邊無人問」的現實。只有劉姥姥聽到賈府落敗，仍然數度回到榮國府，甚至義救落難子孫，真真讓我們產生「仗義每多屠狗輩，負心都是讀書人」的感慨。

在第一一三回，劉姥姥跟鳳姐說起她聽到賈母過世的消息時，那種真性情的流露，「昨日又聽見說老太太沒有了。我在地裡打豆子，聽見了這話，唬的連豆子都拿不起來了，就在地裡狠狠的哭了一大場。我合女婿說：『我也顧不得你們了！不管真話謊話，我是要進城瞧瞧去的！』我女兒女婿也不是沒良心的，聽見了也哭了一會子。今兒天沒亮，就趕著我進城來了。」劉姥姥這種「老人不捨老人」的心情，讀來真是令人感傷。

賈府過去對劉姥姥的餽贈捐助，其實只是九牛一毛、點滴之恩，但是很重要的一點，在第四十二回，描寫鳳姐、平兒、鴛鴦等人交代給劉姥姥那一大車的餽贈品時，可以看到贈者謙遜、不傷受贈者尊嚴的過程，最後換回劉姥姥的湧泉以報。

劉姥姥不只挽救巧姐的賣身之禍，還幫她找到一門好親事。原來是巧姐落難躲到劉姥姥的鄉屯時，鄉裡的富戶都趕著來劉姥姥家看這位「天上來的神仙」，「內中有個極富的人家姓周，家財巨萬，良田千頃。只有一子，生得文雅清秀，年紀十四歲。他父母延師讀書，新近科試中了秀才。」（第一一九回）

周秀才的母親想要高攀，卻不敢開口，由於劉姥姥曾受王熙鳳託付，為巧姐親事留心，於是劉姥姥扮演完巧姐的救命恩人後，接著又搖身扮月老，誰想到巧姐的好姻緣竟是在鄉間。

第三十九回，劉姥姥二進賈府，跟一屋子聽眾胡謅了一個小姑娘雪中抽柴的故事。等到賈府落敗，劉姥姥的表現，不就像是雪中送炭。從雪中抽柴、到雪中送炭，也隱喻幸好王熙鳳有為女兒留餘慶、積陰功。

賈府雖然因為驕奢淫逸惹禍，但是從賈母到王夫人，都有憐貧卹老的好名聲在外，而且相當善待下人。第十九回，講到襲人的母親與哥哥原本動念要贖回襲人，但是襲人堅決不從。母兄看到襲人如此堅執，也就罷了，而且母兄也知道，「賈府中從不曾作踐下人，只有恩多威少的，且凡老少房中所有親侍的女孩子們，更比待家下眾人不同，平常寒薄人家的女孩子也不能那麼尊重。」由此可見賈府對待下人的態度。

再加上王熙鳳雖然貪財，但是也曾義助有志氣的窮親戚邢岫煙，這些應該都是曹雪芹安排賈府的復興，能夠獲得世人認同的原因之一吧。

從《紅樓夢》裡的賈府，再拉回到真實世界的曹家，曾經是富貴公子的曹雪芹，飽嚐人情冷暖，安排劉姥姥這個角色，可能也是想藉此傳達，濟貧扶困，可以為自己、為子孫埋下善種籽，種籽發芽成樹，後人才能得享庇蔭。

理財的境界，不只是談省錢、存錢、用錢、借錢、賺錢、護錢，還包括捐錢。就算是累積了萬貫家財，「壽衣是沒有口袋的」，有一位哲人說過「能夠帶進天堂的，只有你在這人世間捐出去的錢」。

《紅樓夢》裡的人物，不下數百，最令人耳熟能詳的，應該首推劉姥姥這號人物。曹雪芹透過這位「芥豆之微、小小人家」出身的老村婦，傳達出許多與財富、人生相關的大智慧，值得我們再三玩味。

第十章：看懂人情冷暖，從燈火輝煌到人走茶涼

——借錢碰壁、雨天收傘、牆倒眾人推

曹雪芹從含著金湯匙出生，到破茅屋結束人生，人情冷暖這堂課，應該沒有人比他讀得更透徹。

曹家是清代的百年望族，曹雪芹的高祖就已開始任官，曾祖、祖父、伯父、父親都擔任過江寧織造，祖父甚至還兼任巡鹽御史，江寧織造與巡鹽御史，都是「含金量」很高的差事。數代積累的巨富，曹府闊綽，自然不在話下。康熙皇帝六次南巡，有四次都選擇曹府作為行宮，由此可見曹家受到康熙皇帝的榮寵與信任。

只有錦上添花，沒有雪中送炭

但是康熙皇就像是賈府的元妃，元妃存、賈府興；元妃歿、賈府弱，康熙駕崩才五年，曹府就被雍正皇帝抄了家。

因此曹雪芹感受過趨炎附勢與人走茶涼的落差，曹雪芹在《紅樓夢》裡，用一場白事與一場紅事，寫出賈府興旺時的壯厚人脈。

賈珍的子媳秦可卿過世，這時賈元春雖然尚未封妃，但是賈府有榮寧二公兩個世襲官職，這可是因戰功能獲得的最高爵位，同列「八公」的其他公爵當然會前來弔喪，其餘像是郡王、伯、侯、將軍等貴族更是不會缺席。

在第十三、十四回，就描寫到「只這四十九日，一條寧國府街上，白漫漫，人來人往；花簇簇，官去官來。」；「大小轎子車輛，不下百十餘乘。連前面各色執事陳設，接連一帶，擺了有三四里遠。」

賈元春封妃後，賈府聲勢更壯，在第七十一回，賈母八十大壽，榮寧二府要齊開宴席，連擺好幾天壽酒，才能應付得了「皇親、駙馬、王公、諸王、郡主、王妃、公主、國君、太君、夫人、閣府督鎮、誥命、諸官長、並遠近親友及堂客」，等等如此大陣仗的祝賀。

但是這一大串的皇親國戚、王公侯伯，落難時完全幫不上忙，只有西平與北靜這二位郡王，在抄家時儘量衛護，否則賈府更會吃大虧。

其餘有在賈府衰敗時送暖或仗義的，不僅寥寥可數，還都是草民、庶民，譬如劉姥姥與包勇。

包勇是甄府落難時被轉薦到賈府的家丁，但是比賈府自己家生的奴才還要護主。當他聽到府尹賈雨村在賈府被參時，不但不報賈府的提拔之恩，還因為避嫌而再踹了賈府一腳，賈府下人數百，也只有包勇敢仗義攔轎，大罵賈雨村。

已經失勢的賈政，擔心包勇多言惹禍，改派包勇看守大觀園，等於是把他冷凍起來。但是當賈府被盜匪入侵劫財時，眾多下人都嚇得腿軟，只有包勇果然英勇，「一個打十個」。

失勢現象之一：借不到錢

除了劉姥姥與包勇，抄家後的賈府，感受不到人性的溫暖，更多的是世態炎涼，第一個現象是借不到錢了。

前面曾提過，賈赦、賈珍獲罪流放，賈母要賈政幫這對爺兒倆張羅盤纏，賈政才道出不只庫房銀子已經虛空，外面還有虧空，而且世襲公爵身分，以及元妃的庇護，這兩項「信用擔保品」都沒了，人脈、金脈當然都跟著斷了。

最不堪的場景是賈政護送賈母等靈柩回南，由於路途遙遠、靈柩又好幾口，算算需要數千銀兩，這時只好抵押房子了。

但是帶去的盤纏，到了半路已經花得差不多了，賈政逼不得已，只好修書向正在附近當縣官的賴尚榮商借盤纏，結果竟是「借五百，給五十」（第一一八回）。

賴尚榮，是賈府大管家賴大的兒子，也就是所謂的「奴才秧子」，按慣例若未贖身，長大後需要繼續為奴。但是賈府恩典，賴尚榮打出生就是公子哥兒，一樣讀書寫字，不僅沒讓他入府為奴，還在賈府的庇蔭下捐了官，當上縣太爺。

賈政還未啟程前，姪子賈璉就曾向賈政建議，如果路上盤纏不夠，經過賴尚榮的地盤時，可以叫賴尚榮出點兒力。當時賈政還說：「自己老人家的事，叫人家幫什麼呢？」

賈政即使身為主子，認為送賈母靈柩回南，應該是子孫的責任，不會把算盤打到奴才身上，顯然是萬不得已，才向賴尚榮開口。沒想到賴尚榮只用五十兩銀，打發賈府三代的恩典。

賈探春把大觀園變成可以孳息生利的資產，就是在賴大家的花園找到方法的。想想一個管家奴才的花園，規模就有大觀園的一半大，可見賴尚榮家受到賈府多大的恩典，主子賈政都親自寫信商借了，結果竟是不知感恩、不思圖報。

對照第十六回，賈府興建大觀園，光是聘請戲班的教習、採買女戲伶、置辦樂器行頭、置辦彩燈花燭並各色簾帳，隨便出手就是五萬兩。現在賈政親自開口，卻連五百兩都借不到了。

失勢現象之二：雨天收傘

借錢碰壁之外，第二個心寒的現象是雨天收傘。

賈府才剛抄家，賈赦的女婿、迎春的夫婿孫紹祖，不但沒來探望問候，還打發下人傳話給賈政說，賈赦有欠他一筆銀子，既然丈人被抄、被關了，這筆銀子就要賈政負責償還（第一零六回）。

而且這位混帳女婿，不只催債催得緊，還把氣出在妻子身上。可憐迎春才嫁過去一年多，就被這位勢利姑爺折磨到死。

失勢現象之三：牆倒眾人推

第三個心寒的現象是牆倒眾人推。

賈府抄家，賈赦、賈珍、賈蓉都被關進錦衣府，由於庫房虛空、外頭虧空，賈璉只好趕緊變賣鄉下的土地，用來打點監中的花費。

至此那些家奴才相信賈府真的山窮水盡了，於是跳船的跳船，裝病的裝病，更壞的是，假借名義挪借鄉下地租。

曹雪芹在《紅樓夢》裡，舉出抄家後陸續發生的心寒的現象，其實是人性的必然。莎士比亞在《雅典的太門》中，也寫過這麼一段，「燕子追隨夏天，也比不上人們追隨貴人的鴻運這麼急切；燕子離開冬天，也不會像是人們望到人家剛一露出倒楣的苗頭，就閃躲得這麼急切。人就是這種趨炎避寒的鳥兒。」

只是人類的趨炎避寒，比鳥兒還有過之而無不及。這讓我也想起《大亨小傳》裡的場景，大亨蓋茲比從前在大別墅豪宴笙歌時，動不動都是好幾百人登門，等到葬禮時，除了牧師，就只有蓋茲比的父親、一位好友與郵差來送行。

「借錢碰壁、雨天收傘、牆倒眾人推」，不會只出現在《紅樓夢》裡，從富貴公子到跟親友周轉處處碰壁，看盡人情現實的曹雪芹，其實也是用《紅樓夢》的故事提醒世人，要看得懂燈火輝煌與燈滅茶涼。

分辨會趨炎附勢的三種「燕子」

就以《紅樓夢》為例，我們要如何辨別誰會是追隨夏天很勤快、躲避冬天很急切的那隻燕子呢？第一種人是上門討差事的。

一座大觀園，引來不少賈府子弟想要跟著撈油水。譬如賈芹的母親拜託王熙鳳，指派兒子管理小道士與小沙彌；賈芸的母親拜託賈璉，讓兒子管理園藝（第二十三回）。對照三姑娘賈探春曾說過，「我但凡是個男人，可以出得去，我早走了，立出一番事業來」（第五十五回）。這些賈府的爺兒們，生為男兒身，卻盡想攀關係、走後門，在家族裡圖一份差事。

一份差事不夠花，還想繼續找門路。賈府歲末年關時，會將鄉下運送上來的食糧物資，一份一份的分好，讓族中無收益的子姪們來領。有在管理家廟的賈芹，過手銀錢已經不少，也跑來領這份年物，因此被賈珍訓斥太貪（第五十三回）。

已經謀過大觀園園藝差事的賈芸，一聽到賈政升任工部郎中，又來求王熙鳳跟賈政推薦，讓他有機會包些工程。王熙鳳回說賈政衙門的事，不要說她，連賈璉、賈珍都插不上手（第八十八回）。

這些外面闖不出事業，專在家族動腦筋的賈府子弟，果然後來一一惹禍。賈芹在管理尼僧時，窩娼聚賭，敗壞賈府名聲（第九十三回）。

賈芸想請王熙鳳跟賈政關說不成，反而把王熙鳳與巧姐都恨上了。王熙鳳死後，還與賈環、巧姐的舅舅、舅公聯手，要把巧姐賣給外藩（第一一八回）。

會趨炎附勢的第二種人，是靠著別人升官發財，譬如賴大的兒子賴尚榮，不是靠自己努力科考，而是靠父母、靠賈府，幫他捐官、選上縣太爺。不僅官聲不好，還不會知恩圖報。

會趨炎附勢的第三種人，是善於應酬、攀親結戚，譬如賈赦的女婿孫紹祖。賈政原本就認為孫家不是詩禮之家，而且孫家拜賈府為門生，也只是貪慕賈府權勢。賈政曾經勸大哥不要同意這門婚事，但是賈赦不聽，沒想到最後把女兒的命也給賣了。

你的人脈圈、親友圈裡有「賈芹」、「賈芸」、「賴尚榮」、「孫紹祖」、「賈雨村」嗎？你會辨別哪些朋友的熱情是裝出來的？今天卸下了頭銜、丟掉了權勢、財富，還剩多少人會真心為你送暖？

尤其現代多的是「萬人按讚、一人到場」，臉友、粉絲就算成千上萬，很多人給的只是廉價的鍵盤溫暖。

我們不僅要懂得找出「劉姥姥」與「包勇」，我們自己也應該是別人的「劉姥姥」或「包勇」。一場抄家大禍，看出人情冷暖，也教我們思考，人脈與錢脈，能禁得起多少人性的試煉呢？

曹雪芹的十堂財務課，從「風險管理」到「風險意識」，從「理帳理債」到「理財理心」，從「繼承財產」到「私房財產」，從「投資生利」到「濟貧捐獻」，從「儉束家風」到「人脈錢脈」，每一堂備課，都是取材真實的人生。

蘇軾詞云：「世事一場大夢，人間幾度新涼」，也是曹雪芹的人間寫照，他留下的「假語村言」，其實盡是真智慧，大觀園裡的財富講堂雖然結束，但是下課鐘聲響起，二百多年後，餘韻仍然繚繞。

後記

文學與理財，不是陽關道與獨木橋

《紅樓夢》至今仍留下許多懸案，包括多種版本與後四十回作者的爭論，而作者曹雪芹本人，更是一宗懸案。關於曹雪芹的可靠史料相當稀少，主要倚賴一些詩集的旁敲側擊，這也是為何紅學學者考證至今，仍然無法一錘定音。

這讓我想起另一本也是揉合奇幻與寫實的作品：《百年孤寂》，作者馬奎斯曾在一篇訪問中說：「如果有時間，我真想寫一本回憶錄，談談我作品中，每一事件，每一冒險的來龍去脈。這本回憶錄，必將使得那些批評家和分析家覺得尷尬」。

如果曹雪芹再世，親自來寫一本回憶錄，回應紅學中的大量著作與評論，相信也會使得不少評論家與分析家感到尷尬，其中可能也包括我這本用財富聚散、理財智慧切入的書，這本銅臭味如此濃重的書。

但是我同時也相信俄國小說家契訶夫曾說過的一段話：「作家有權利，甚至有義務，以生活提供給他的事件來豐富作品，如果沒有現實與虛構之間這種永恆的互相滲透、參差對照，文學就會死於貧瘠。」

我相信曹雪芹也是在現實與虛構間，「相互滲透、參差對照」，才能成就這部偉大的作品。我試圖揣摩他在現實的曹家與虛構的賈府間，在榮枯無常與財富聚散間，想要傳達出的金錢省思，誠盼與曹雪芹的真意不至過於謬遠。

在過去，文學與理財，好像陽關道與獨木橋，其實不少的經典文學中，都可看到星星爍爍的理財智慧。

文學與理財，都是人類生活的不同面向，理財不是橫空出世，人類從以物易物、演進到用貝殼、金銀、貨幣等交易媒介時，理財就已滲入人類生活。

只是今人多將理財窄化成投資工具、投資技術、投資心法、投資達人，理財，不是只有投資，如果只把理財看成投資賺錢，那真是把理財看窄、看淺了。

投資工具、投資環境、投資知識都會更迭，但是人性不會變。開元、天寶年間，子孫對於家產繼承的心態，不會因為到了民國時代而有太大的不同。理解人性、才能理好財富，很多世事的面相，都需要更練達的理財智慧去應對。

知識有時空限制，但是智慧能夠經久流傳，唯有顛撲不破的普世智慧，才能料理多變的人生，不管是管理一家之計，或是管理一國財政。

曹雪芹朝露一生，為世間留下千古瑰寶，最後謹以此書致敬。紅學如此浩瀚，「不揣固陋，俟高明裁服」。

紅樓夢教你的十堂理財課

這次，不談愛情。讀懂書中的財富機鋒，結局大不同

作　　者—朱國鳳
主　　編—林憶純
責任編輯—林謹瓊
美術設計—張巖
行銷企劃—許文薰
董事長・總經理—趙政岷
第五編輯部總監—梁芳春
出 版 者—時報文化出版企業股份有限公司
一〇八〇三 台北市和平西路三段二四〇號七樓
發行專線：（〇二）二三〇六—六八四二
讀者服務專線：〇八〇〇—二三一—七〇五、（〇二）二三〇四—七一〇三
讀者服務傳真：（〇二）二三〇四—六八五八
郵撥：一九三四四七二四時報文化出版公司
信箱：台北郵政七九～九九信箱
時報悅讀網—www.readingtimes.com.tw
電子郵箱—history@readingtimes.com.tw
法律顧問—理律法律事務所　陳長文律師、李念祖律師
初版一刷—二〇一六年十二月

國家圖書館出版品預行編目 (CIP) 資料

紅樓夢教你的十堂理財課 / 朱國鳳著. -- 初版. -- 臺北市 : 時報文化, 2016.12　面；　公分
SBN 978-957-13-6843-6 (平裝)
1. 紅學 2. 研究考訂 3. 理財
563　　105022002